KUULIKUSTE GALETTE KOKARAAMAT

100 magusat ja soolast maalähedast retsepti igaks juhuks

Elena Lepik

SISUKORD

SISSEJUHATUS

Tere tulemast raamatusse "Kuulsusrikkad galettide kokaraamat: 100 magusat ja soolast maalähedast retsepti igaks juhuks!" Galetid on maalähedase võlu ja kulinaarse naudingu kehastus, pakkudes mitmekülgset lõuendit nii magusa kui ka soolase loomingu jaoks. Prantsusmaalt pärit galetid on oma lihtsuse, elegantsi ja maitsevusega vallutanud toiduhuviliste südamed ja maitsemeeled kogu maailmas. Selles kokaraamatus asume gastronoomilisele teekonnale läbi 100 vastupandamatu galette retsepti kureeritud kogu, mis tõstab teie kokandusrepertuaari ja rõõmustab teie meeli.

Galetid kehastavad oma vaba vormiga omatehtud headuse olemust. Need on tagasihoidlikud, kuid keerukad, mistõttu sobivad need ideaalselt juhuslikeks koosviibimisteks, perekondlikeks õhtusöökideks või erilistel puhkudel. Olenemata sellest, kas olete kogenud pagar või algaja kokk, leiate neilt lehtedelt midagi, mis teile meeldib. Klassikalistest hooajaliste maitsetega puuviljatäidistest galettidest kuni soolaste loominguteni, mis sisaldavad juustu, juurviljade ja ürtide segu – igaks maitseks ja igaks elujuhtumiks on oma valik .

Iga selle kokaraamatu retsept on läbimõeldult koostatud, et tagada valmistamise lihtsus, tegemata järeleandmisi maitses või esitusviisis. Üksikasjalike juhiste, kasulike näpunäidete ja vapustava fotograafia abil tunnete end kindlalt, kui loote need kulinaarsed meistriteosed oma köögis uuesti. Ükskõik, kas soovite lohutavat magustoitu või soolast naudingut, leiate neilt lehtedelt inspiratsiooni ja rahulolu.

Niisiis, käärige käised üles, pühkige taignarullilt tolm ja valmistuge suupäraseks seikluseks, mille saatejuhiks on galette . Olenemata sellest, kas küpsetate endale, oma perele või sõprade kogunemisele, "KUULIKUSTE GALETTE KOKARAAMAT" tõotab rõõmustada teie maitsemeeli ja jätta ihalema. Tähistagem omatehtud küpsetamisrõõmu ja maalähedase köögi ajatut võlu iga maitsva suutäiega.

GALETTE küpsetis

1.Põhiline Galette saiakoor

KOOSTISOSAD:
- 1 1/4 tassi universaalset jahu
- 1/2 teelusikatäit soola
- 1/2 tassi (1 pulk) külma soolamata võid, lõigatud väikesteks tükkideks
- 1/4 tassi jäävett

JUHISED:
a) Vahusta suures kausis jahu ja sool.
b) Lisa külmad võitükid jahusegule ja töötle kondiitrilõikuri või sõrmede abil või jahu hulka, kuni segu meenutab jämedat puru.
c) Lisa järk-järgult 1 supilusikatäie kaupa jäävett, segades kahvliga, kuni tainas hakkab lihtsalt kokku tulema.
d) Koguge tainas palliks, lapige kettaks, mässige kilesse ja hoidke enne kasutamist vähemalt 30 minutit külmkapis.

2.Täistera nisu galette saiakoor

KOOSTISOSAD:
- 1 tass täistera nisujahu
- 1/2 tassi universaalset jahu
- 1/2 teelusikatäit soola
- 1/2 tassi (1 pulk) külma soolamata võid, lõigatud väikesteks tükkideks
- 1/4 tassi jäävett

JUHISED:
a) Vahusta suures kausis täisteranisujahu , universaalne jahu ja sool.
b) Lisa külmad võitükid jahusegule ja töötle kondiitrilõikuri või sõrmede abil või jahu hulka, kuni segu meenutab jämedat puru.
c) Lisa järk-järgult 1 supilusikatäie kaupa jäävett, segades kahvliga, kuni tainas hakkab lihtsalt kokku tulema.
d) Koguge tainas palliks, lapige kettaks, mässige kilesse ja hoidke enne kasutamist vähemalt 30 minutit külmkapis.

3.Gluteenivaba Galette saiakoor

KOOSTISOSAD:
- 1 tass gluteenivaba universaalset jahu
- 1/4 tassi mandlijahu
- 1/2 teelusikatäit soola
- 1/2 tassi (1 pulk) külma soolamata võid, lõigatud väikesteks tükkideks
- 1/4 tassi jäävett

JUHISED:
a) Vahusta suures kausis gluteenivaba universaalne jahu, mandlijahu ja sool.
b) Lisa külmad võitükid jahusegule ja töötle kondiitrilõikuri või sõrmede abil või jahu hulka, kuni segu meenutab jämedat puru.
c) Lisa järk-järgult 1 supilusikatäie kaupa jäävett, segades kahvliga, kuni tainas hakkab lihtsalt kokku tulema.
d) Koguge tainas palliks, lapige kettaks, mässige kilesse ja hoidke enne kasutamist vähemalt 30 minutit külmkapis.

4.Maisijahust Galette kondiitritooted

KOOSTISOSAD:
- 1 tass universaalset jahu
- 1/4 tassi maisijahu
- 1/2 teelusikatäit soola
- 1/2 tassi (1 pulk) külma soolamata võid, lõigatud väikesteks tükkideks
- 1/4 tassi jäävett

JUHISED:
a) Vahusta suures kausis universaalne jahu, maisijahu ja sool.
b) Lisa külmad võitükid jahusegule ja töötle kondiitrilõikuri või sõrmede abil või jahu hulka, kuni segu meenutab jämedat puru.
c) Lisa järk-järgult 1 supilusikatäie kaupa jäävett, segades kahvliga, kuni tainas hakkab lihtsalt kokku tulema.
d) Koguge tainas palliks, lapige kettaks, mässige kilesse ja hoidke enne kasutamist vähemalt 30 minutit külmkapis.

KOOSTISOSAD:
- 1 1/4 tassi universaalset jahu
- 1/2 teelusikatäit soola
- 1/4 tassi oliiviõli
- 1/4 tassi jäävett

JUHISED:
a) Vahusta suures kausis jahu ja sool.
b) Nirista jahusegule oliiviõli ja sega kahvliga, kuni segu meenutab jämedat puru.
c) Lisa järk-järgult 1 supilusikatäie kaupa jäävett, segades kahvliga, kuni tainas hakkab lihtsalt kokku tulema.
d) Koguge tainas palliks, lapige kettaks, mässige kilesse ja hoidke enne kasutamist vähemalt 30 minutit külmkapis.

6.Rukkigalette saiakoor

KOOSTISOSAD:
- 1 tass rukkijahu
- 1/2 tassi universaalset jahu
- 1/2 teelusikatäit soola
- 1/2 tassi (1 pulk) külma soolamata võid, lõigatud väikesteks tükkideks
- 1/4 tassi jäävett

JUHISED:
a) Vahusta suures kausis rukkijahu, universaalne jahu ja sool.
b) Lisa külmad võitükid jahusegule ja töötle kondiitrilõikuri või sõrmede abil või jahu hulka, kuni segu meenutab jämedat puru.
c) Lisa järk-järgult 1 supilusikatäie kaupa jäävett, segades kahvliga, kuni tainas hakkab lihtsalt kokku tulema.
d) Koguge tainas palliks, lapige kettaks, mässige kilesse ja hoidke enne kasutamist vähemalt 30 minutit külmkapis.

7.Tatra Galette saiakoorik

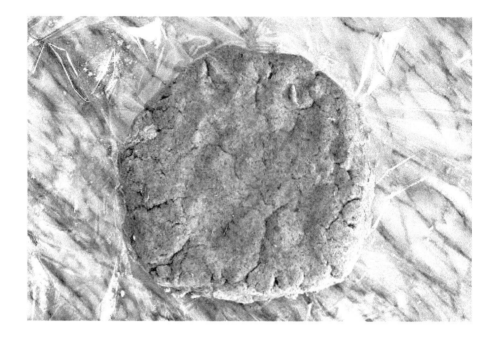

KOOSTISOSAD:
- 1 tass tatrajahu
- 1/2 tassi universaalset jahu
- 1/2 teelusikatäit soola
- 1/2 tassi (1 pulk) külma soolamata võid, lõigatud väikesteks tükkideks
- 1/4 tassi jäävett

JUHISED:
a) Vahusta suures kausis tatrajahu, universaalne jahu ja sool.
b) Lisa külmad võitükid jahusegule ja töötle kondiitrilõikuri või sõrmede abil või jahu hulka, kuni segu meenutab jämedat puru.
c) Lisa järk-järgult 1 supilusikatäie kaupa jäävett, segades kahvliga, kuni tainas hakkab lihtsalt kokku tulema.
d) Koguge tainas palliks, lapige kettaks, mässige kilesse ja hoidke enne kasutamist vähemalt 30 minutit külmkapis.

PUUVILJAGALETID

8.Honey Peach Galette

KOOSTISOSAD:
- 4-5 küpset virsikut, viilutatud
- 2 supilusikatäit mett
- 1 spl maisitärklist
- 1 tl vaniljeekstrakti
- ¼ tl jahvatatud kaneeli
- 1 jahutatud pirukakoorik (või omatehtud)

JUHISED:
a) Kuumuta ahi temperatuurini 375 ° F (190 ° C).

b) Sega kausis viilutatud virsikud, mesi, maisitärklis , vaniljeekstrakt ja jahvatatud kaneel. Viska, kuni virsikud on ühtlaselt kaetud .

c) Rulli pirukakoor lahti ja aseta küpsetusplaadile.

d) Aseta virsikuviilud kooriku keskele , jättes servade ümber äärise.

e) Voldi kooriku servad virsikute peale, luues maalähedase galette kuju.

f) Küpseta 30-35 minutit või kuni koorik on kuldpruun ja virsikud pehmed.

g) lase galetil veidi jahtuda. Soovi korral nirista enne serveerimist veel mett.

9.Basil Berry Galette

KOOSTISOSAD:
- 1 eelnevalt valmistatud pirukakoorik
- 2 tassi segatud marju (maasikad, mustikad, vaarikad)
- ¼ tassi granuleeritud suhkrut
- 1 spl värsket basiilikut, hakitud
- 1 spl maisitärklist
- 1 spl sidrunimahla
- 1 muna (klopitud, munade pesemiseks)
- 1 spl turbinado suhkrut (puistamiseks)

JUHISED:
a) Kuumuta ahi temperatuurini 375 °F (190 °C) ja vooderda küpsetusplaat küpsetuspaberiga.

b) Sega kausis omavahel segatud marjad, granuleeritud suhkur, hakitud basiilik, maisitärklis ja sidrunimahl.

c) Rulli pirukakoor ettevalmistatud ahjuplaadil lahti.

d) Tõsta marjasegu lusikaga kooriku keskele, jättes servade ümber äärise.

e) Murra kooriku servad üle marjade, luues maalähedase galette kuju.

f) Pintselda koore servad lahtiklopitud munaga ja puista üle turbinado suhkruga.

g) Küpseta 25-30 minutit või kuni koorik on kuldne ja marjad kihisevad.

10.Banaan ja Biscoff s'Mores Galettes

KOOSTISOSAD:

GALETTE TAIgna jaoks:

- 1 ¼ tassi universaalset jahu
- 1 spl granuleeritud suhkrut
- ¼ teelusikatäit soola
- ½ tassi soolata võid, külm ja lõika väikesteks kuubikuteks
- 3-4 supilusikatäit jäävett

TÄIDISEKS:

- 2 küpset banaani, viilutatud
- ½ tassi Biscoffi määret (või Speculoose määret)
- ½ tassi mini vahukomme
- 1 spl granuleeritud suhkrut, puistamiseks

SERVERIMISEKS:

- Vahukoor või vaniljejäätis (valikuline)

JUHISED:

a) Sega kausis galette taigna jaoks jahu, suhkur ja sool. Lisa külm kuubikvõi ja lõika sõrmeotste või kondiitrilõikuriga või jahusegusse, kuni see meenutab jämedat puru.

b) Lisa vähehaaval 1 supilusikatäie kaupa jäävett ja sega, kuni tainas kokku tuleb. Vormi tainast ketas, mässi kilesse ja pane vähemalt 30 minutiks külmkappi.

c) Kuumuta ahi temperatuurini 375 ° F (190 ° C). Vooderda ahjuplaat küpsetuspaberiga.

d) Rulli jahutatud galette tainas kergelt jahusel pinnal umbes ⅛ tolli paksuseks karedaks ringiks. Tõsta lahtirullitud tainas ettevalmistatud ahjuplaadile.

e) Määri Biscoffi määre galette taigna keskele , jättes servade ümber äärise. Laota viilutatud banaanid Biscoffi määrde peale .

f) Puista minivahukommid ühtlaselt banaanidele. Voldi galette taigna servad sissepoole, kattu õrnalt täidisega.

g) galette taigna kokkuvolditud servadele granuleeritud suhkrut .

h) Küpseta eelkuumutatud ahjus umbes 20-25 minutit või kuni galette on kuldpruun ja täidis kihisev.

i) Võta galette ahjust välja ja lase enne serveerimist paar minutit jahtuda.

j) Serveeri sooja galette'i niisama või koos vahukoore või kulbiku vaniljejäätisega.

11.Värsked viigimarjad

KOOSTISOSAD:

TAIGNA JAOKS:

- ¾ teelusikatäit soola
- ½ tassi (1 pulk) soolamata võid, jahutatud, lõigatud väikesteks tükkideks
- 7 supilusikatäit tahket juurviljapuru, jahutatud, väikesteks tükkideks
- Umbes ¼ tassi jäävett

TÄIDISEKS:

- 1½ naela värskeid viigimarju
- 6 spl suhkrut
- Munapesu (1 munakollane vahustatud 2 tl koorega)
- Suhkur galette velgedele

JUHISED:

TAIGNA VALMISTAMINE:

a) Sega köögikombainis jahu ja sool. Pulse kolm või neli korda segamiseks.

b) Lisa võitükid ja pulbeeri paar korda, kuni rasv on ühtlaselt jaotunud ja jahuga kaetud.

c) Lisage tükid ja pulseerige paar korda, kuni rasv on jahuga kaetud. Jahuga kaetud rasvatükke peaks ikka jääma umbes suurte herneste suurused.

d) Tõsta segu suurde kaussi. Nirista kahvliga loksutades jäävett, kuni see hakkab tükkideks kokku tulema, seejärel kogu tainas kätega kokku.

e) Käsitsege tainast nii vähe kui võimalik, seejärel mässige see kilesse ja hoidke külmkapis, kuni see jahtub, vähemalt 2 tundi.

GALETTE KOOSTAMINE:

f) Kuumuta ahi 425 kraadini.

g) Täidise valmistamiseks veerand viigimarjad varreotsast läbi või kui suured, siis lõika kuuendikuteks. Tõsta kaussi kõrvale.

h) Vahetult enne, kui olete valmis galette kokku panema , puista viigimarjadele 6 supilusikatäit suhkrut ja viska õrnalt läbi.

i) Jagage tainas 6 võrdseks osaks. Töötades ühe tükiga korraga, rulli tainas kergelt jahusel laual umbes ⅛ tolli paksuseks ringiks.

j) Kasutage ümberpööratud taldrikut või papist malli, et jälgida korralikku 7-tollist ringi. Tõsta ring raskele ahjuplaadile.
k) Asetage üks kuuendik viigimarjadest atraktiivselt keskele, jättes 1½-tollise serva ümberringi.
l) Voldi serv üle, et tekiks ääris, jälgides, et tainas ei oleks pragusid või puuviljamahl imbub küpsetamise ajal välja. Vajadusel plaasterdage külma veega kergelt niisutatud kärbitud taignatükkidega.
m) Pintselda äärt vähese munapesuga, seejärel puista äärisele ohtralt suhkrut.
n) Korrake ülejäänud taignaga, et saada 6 galette . Tõenäoliselt mahutad neist ahjuplaadile korraga vaid pooled.
o) Pane kokku ja küpseta 3 pigem galette korraga kui 2 lehte korraga küpsetada.
p) Küpseta 22–25 minutit, kuni koor on kuldne ja viljad on mullitavad.
q) Tõsta restile ja jahuta veidi enne serveerimist.

12.Karamelliseeritud Apple Galette

KOOSTISOSAD:

- 1 Kiirlehttaigna retsept
- 1 Northern Spy või muu kõva küpsetusõun
- ¼ tassi suhkrut
- 2 spl soolata võid
- 1 supilusikatäis calvadost (prantsuse õunabrändi)

JUHISED:

a) Rulli kergelt jahusel tööpinnal kaheksandik kiirlehttaigna retseptist umbes ⅛ tolli paksuseks.

b) terava lõikamisnoaga umbes 7½ tolli läbimõõduga ringiks. Tõsta pärgamendiga kaetud ahjuplaadile ja aseta külmkappi umbes 15 minutiks jahtuma.

c) Kuumuta ahi temperatuurini 425 ° F. Asetage jahutatud kondiitritainas raskesse malmpannile, mille põhja läbimõõt on 6½ tolli.

d) Koori, eemalda südamik ja lõika õun pikuti pooleks.

e) Lõika õunapoolikud mandoliini või väga terava noaga laiuti kahekümne viie ⅛-tollisteks viiludeks.

f) Paigutage õunaviilud korralikult lehvitatud mustriga, kattudes ja hoides neid ½ tolli kaugusel kondiitritaigna servast. Lehvitatud ringi loomisel täitke keskosa väiksemate või purustatud õunaviiludega.

g) Puista õuntele kaks supilusikatäit suhkrut ja täpi peale 1 supilusikatäis väga väikesteks tükkideks lõigatud võid.

h) Asetage pann ahju ja küpsetage umbes 30 minutit, kuni küpsetis on mööda panni servi paisunud ja kuldpruun.

i) Eemaldage pann ahjust. Tõsta tort pannilt spaatliga ja tõsta taldrikule. Kõrvale panema.

j) Lisage pannile ülejäänud supilusikatäis võid ja asetage see keskmisele kuumusele. Lisa ülejäänud 2 supilusikatäit suhkrut ja küpseta, kuni suhkur lahustub ja moodustab kerge karamelli, umbes 5 minutit.

k) Mõõtke Calvados klaasi, seejärel valage see karamelli sisse. Keeda alkoholi umbes 2–3 minutit.

l) Tõsta tort tagasi pannile, õunapool allapoole, ja küpseta 4–5 minutit, kuni karamell kooki peale mullitab ja hakkab veidi paks välja nägema.

m) Tõsta pann tulelt ja kummuta tort ettevaatlikult piisavalt suurele taldrikule, et kuuma karamelli pannilt välja tilkudes kinni haaraks.

13.Ginger Pear Galette

KOOSTISOSAD:
POŠERITUD PIRNIDE KOHTA:

- 6 suurt pirni
- 6 tassi Pinot Noiri
- 1 tass suhkrut
- 1 pulk kaneeli
- 1 spl jämedalt hakitud ingverit
- 1 apelsini koor

TAIGNA JAOKS:

- 2⅓ tassi jahu
- ½ tassi lühendamist
- ½ tassi soolamata võid
- 1 tl soola
- 2 tl hakitud suhkrustatud ingverit
- 6 kuni 8 supilusikatäit külma vett

KOOSTAMA:

- 4 spl sulatatud soolata võid
- ½ tassi suhkrut
- 1 pint kvaliteetset vaniljejäätist

JUHISED:
POŠERITUD PIRNIDE KOHTA:

a) Koori pirnid ja lõika pooleks; kõrvale panema.
b) Kuumuta suures potis vein, suhkur, kaneel, ingver ja apelsinikoor ning kuumuta keemiseni.
c) Lisa pirnid ja küpseta keskmisel-kõrgel kuumusel kahvli pehmeks. Kui teil on aega, laske pirnidel vedelikus jahtuda; kui ei, siis laske pirnidel käsitsemiseks piisavalt jahtuda, seejärel lõigake umbes ¼ tolli paksusteks viiludeks ja pange kõrvale.

TAIGNA JAOKS:

d) Asetage jahu, jahu, või, sool ja ingver keskmise suurusega kaussi.
e) Sega näpuotsaga hulka või ja vahukoor, kuni segu meenutab jämedat jahu.
f) Lisa nii palju vett, et tainas niisutaks, ja sega kahvliga nii kaua, kuni tainas kokku tuleb.
g) Laske tainal 20–30 minutit seista.

h) Rulli tainas korralikult jahuga kaetud laual umbes ¼ tolli paksuseks. Lõigake 6 4–5-tollist ringi ja asetage need määritud lehtpannile.
i) Pintselda kõik ringid rikkalikult sulavõiga, seejärel puista üle suhkruga.
j) Asetage pošeeritud pirniviilud igale ringile ringikujuliselt. Pintselda iga kord uuesti võiga ja puista üle suhkruga.
k) Aseta 375-kraadisesse ahju ja küpseta, kuni koorik on kuldpruun, umbes 30–40 minutit.
l) Võta ahjust välja ja lase umbes 10 minutit jahtuda . Tõsta pannilt ja aseta magustoidutaldrikutele.
m) Täida igale galette lusikatäie vaniljejäätist ja serveeri soojalt.

14.Pirn ja Roquefort Galette

KOOSTISOSAD:

- 1 (145g) pakk pitsapõhjasegu
- 1 punane sibul, õhukeselt viilutatud
- 1 suur küps pirn, südamikust puhastatud ja õhukesteks viiludeks lõigatud
- 100 grammi Roqueforti juustu, purustatud
- Must pipar, maitse järgi

JUHISED:

a) Kuumuta ahi temperatuurini 220°C/425°F/gaas 7.
b) Valmista pitsapõhi vastavalt pakendil olevale juhisele. Jagage see kaheks osaks ja rullige kumbki pool ringiks.
c) Katke iga ring õhukeseks viilutatud pirni ja punase sibulaga.
d) Murenda Roqueforti juust igal ringil pirni ja sibula peale.
e) Küpseta eelkuumutatud ahjus umbes 15 minutit või kuni see on kuldpruun ja mullitav.
f) Jahvata peale musta pipart ja serveeri kohe koos karge rohelise salatiga.

15.Ploom Galette

KOOSTISOSAD:
KOORIKU KOHTA:
- 1 ¼ tassi (160 g) universaalset jahu
- 1 tl suhkrut
- ½ tl soola
- ¼ pulgakest (137 g) soolamata võid, kuubikuteks lõigatud
- ¼ tassi (57 ml) hapukoort
- 1 lahtiklopitud muna munade pesemiseks (valikuline)
- 1 tl koort munade pesemiseks (valikuline)
- Jäme suhkur puistamiseks (valikuline)

TÄITMINE:
- 6–8 hapukat ploomi ja/või ploomi , kivideta ja viilutatud (umbes 570 g)
- ⅓ tassi (70 g) suhkrut
- ⅛ tl kaneeli
- 1 tl sidrunimahla
- 1 tl apelsini koort (või sidrunikoort)
- 1 tl kiiret tapiokki või 1 spl jahu (paksendamiseks)

JUHISED:
VALMISTA GALETTE TAINAS:
a) Vahusta suures kausis jahu, suhkur ja sool.

b) Lisa tainale kuubikuteks lõigatud või ja töötle käte või kondiitri segistiga võid taignasse, kuni segu meenutab puru, kusjuures võitükid ei ole hernest suuremad.

c) Lisa hapukoor ja sega kahvliga läbi. Koguge tainas palliks, tasandage see kettaks, mässige kilesse ja jahutage enne rullimist vähemalt tund aega.

TÄITMINE:
d) Sega keskmise suurusega kausis õrnalt ploomiviilud suhkru, kaneeli, sidrunimahla, koore ja kiirtapioki (või jahuga).

e) Vooderda ahjuplaat küpsetuspaberi või silikoonmatiga või määri küpsetusplaat kergelt võiga.

f) Puista puhas pind kergelt jahuga ja rulli tainas ühtlase paksusega 13-tolliseks ringiks.

g) Aseta lahtirullitud pirukatainas vooderdatud või võiga määritud ahjuplaadi keskele.
h) Asetage ploomiviilud ringikujuliselt, alustades 1,5–2 tolli kaugusel taigna välisservast, liikudes keskele.
i) pirukapõhja servad üles ja üle nii, et täidise ring jääks nähtavale.
j) Kui soovite koorikule atraktiivset lõppu, vahustage väikeses kausis muna ja koor.
k) Pintselda kondiitripintsliga paljastunud tainakoor peale.
l) Puista peale veidi jämedat suhkrut.

KÜPSETA:
m) Aseta ahju keskmisele restile. Küpseta 375°F (190°C) juures 40-50 minutit, kuni koorik on kergelt pruunistunud ja täidis mullitav.
n) Enne serveerimist jahutada restil tund aega.

16.Rustikaalne õuna-kuivatatud kirsigalette koos Crème Fraîche'iga

KOOSTISOSAD:
KOORIK:
- 1½ tassi universaalset jahu
- ½ tl soola
- ½ tassi soolamata võid (1 pulk), lõigatud ½-tollisteks tükkideks, jahutatud
- 4 supilusikatäit jäävett (umbes)

TÄITMINE:
- 1 spl soolata võid
- 1½ naela hapukaid rohelisi õunu, kooritud, puhastatud südamikust, lõigatud 8 viiluks
- 4 spl suhkrut
- ¼ tassi kuivatatud hapukirsse (umbes 2 untsi)
- 2¾ tl jahvatatud kaneeli

KARAMELLKASTE:
- 1 tass crème fraîche'i või hapukoort
- 1½ tassi suhkrut
- ½ tassi vett
- 3 supilusikatäit soolata võid
- 1 tass vahukoort

JUHISED:
KOORIKU KOHTA:
a) Sega köögikombainis jahu ja sool. Lisa jahutatud või ja töötle, kuni segu meenutab jämedat jahu.
b) Lisa 3 supilusikatäit jäävett ja töötle, kuni tekivad niisked tükid, lisa vett teelusikatäite kaupa , kui tainas on kuiv.
c) Koguge tainas palliks, tasandage see kettaks, mähkige kilesse ja jahutage 30 minutit.

TÄIDISEKS:
d) Sulata või suurel mittenakkuval pannil keskmisel kuumusel.
e) Lisa pannile õunad ja puista neile 3 supilusikatäit suhkrut.
f) Prae kuni õunad on kuldsed ja hakkavad pehmenema, umbes 8 minutit.
g) Lisa kuivatatud kirsid ja kaneel, sega 30 sekundit, tõsta tulelt ja lase täielikult jahtuda.

GALETTE EEST:

h) Kuumuta ahi temperatuurini 350 °F.
i) Rulli tainas jahusel pinnal 12-tolliseks ringiks.
j) Tõsta tainas ääristeta küpsetusplaadile, kasutades abivahendina 9-tollise läbimõõduga koogivormi põhja .
k) Asetage õunasegu taigna peale, jättes 3-tollise äärise. Voldi taigna serv õunasegu peale, näpistades, et taignas tekivad praod.
l) Puista ülejäänud 1 spl suhkrut õunasegule ja taignaservale.
m) Küpseta galette 15 minutit. Tõstke ahju temperatuur 375 °F-ni ja jätkake küpsetamist, kuni koorik on servadest kergelt kuldne ja õunad pehmed, umbes 35 minutit kauem.
n) Tõsta galette restile ja lase 15 minutit jahtuda.
o) Serveeri soojalt crème fraîche'i ja karamellkastmega.

KARAMELLEKASTME JAOKS:

p) Segage suhkrut ja ½ tassi vett tugevas suures kastrulis keskmisel või madalal kuumusel, kuni suhkur lahustub.
q) Suurendage kuumust ja keetke segamata, kuni siirup omandab sügava merevaiguvärvi. Aeg-ajalt pintseldage panni külgi vette kastetud kondiitripintsliga alla ja panni keerutades umbes 12 minutit.
r) Tõsta tulelt, vahusta hulka või ja lisa vähehaaval koor (segu mullitab tugevalt).
s) Sega tasasel tulel ühtlaseks ja jahuta enne serveerimist leigeks.
t) Karamellkastme saab valmistada 2 päeva ette. Katke ja jahutage.
u) Soojendage tasasel tulel aeg-ajalt segades.

17.Õuna- ja toorjuustugalett karamelli ja mandlitega

KOOSTISOSAD:

- 2 õuna
- 1 pakk filotainast
- 1 pakk toorjuustu
- 1 pakk purustatud mandleid
- ½ pakki karamellkastet
- 1 spl pruuni suhkrut
- ¼ teelusikatäit kaneeli
- 40 g võid

JUHISED:

a) Kuumuta ahi 220ºC/200ºC ventilaatoriga.
b) Viiluta õunad õhukeselt.
c) Sega keskmises kausis õun, pruun suhkur ja kaneel. Viska mantlile.
d) Väikeses kuumakindlas kausis sulatage või mikrolaineahjus 10-sekundiliste sammudega.
e) Pintselda iga filotainaleht sulavõiga.
f) Aseta filolehed tasaseks vooderdatud ahjuplaadile, asetades üksteise peale.
g) Määri peale toorjuust ja laota peale õunaviilud, jättes äärtele 4 cm äärise.
h) Murra tainaääred ettevaatlikult õuna peale, jättes keskosa paljaks.
i) Pintselda taina servad ülejäänud võiga.
j) Küpseta galette ahju kõige madalamal siinil, kuni küpsetis on kuldne, 20-25 minutit.
k) Küpsetamise viimasel 5 minutil puista üle mandlihelvestega.
l) galetile vastavalt soovile karamellkaste .
m) Tükelda galette .
n) Tõsta serveerimistaldrikule.

18.Marjade ja Earl Grey Galette segu

KOOSTISOSAD:
KOORIKU KOHTA:
- 1 tass Pamela pähklijahu segu
- ½ tassi Pamela universaalset küpsetusjahu
- ½ tassi tapiokijahu
- 1 sl granuleeritud suhkrut, lisaks veel taignale puistamiseks
- ½ tl koššersoola
- 8 spl väga külma võid, kuubikuteks
- 1 suur muna

MARJA- JA ERALHALLI SEGATÄIDISE PUHUL:
- ¾ tassi täispiima ricottat
- 1 tl apelsini koort
- ⅛ teelusikatäis Earl Grey teed (lõigake teepakk lahti ja kopeerige tee välja)
- 1 ½ tassi viilutatud maasikaid
- ⅓ tassi suhkrut
- 1 vanillikaun pooleks lõigatud, seemned kraabitud või 1 supilusikatäis vaniljekauna pasta
- 1 kuhjaga tassi vaarikaid

KOOSTAMISEKS:
- 1 muna
- 1 spl vett

SERVEERIMA:
- Tuhksuhkur, valikuline
- Vaniljejäätis, valikuline

JUHISED:

KOORIKU TEGEMISEKS:

a) Kombineerige esimesed 6 koostisainet S-teraga köögikombainis. Kombineerige, kuni või on segunenud ja segu tundub teraline. Lisa muna köögikombaini ja vahusta, kuni see on täielikult segunenud. Katsetage taigna niiskust, kogudes veidi kokku ja surudes kokku. Kui see on liiga kuiv, lisa supilusikatäis vett ja pulsi uuesti.

b) Asetage tainas kile peale, vormides sellest ümmargune ketas. Mässi tihedalt kinni ja pane 1 tunniks või kuni üleöö külmkappi.

TÄIDISE VALMISTAMISEKS:

c) Kui see on üleöö külmkapis, lase tainal letil veidi soojeneda. Sega väikeses kausis ricotta, apelsinikoor ja tee.

d) Sega teises kausis viilutatud maasikad, suhkur ja vaniljeoad; sega põhjalikult.

GALETTE KOKKUVÕTE:

e) Kuumuta ahi temperatuurini 400 °F ja vooderda küpsetusplaat pärgamendiga.

f) Rulli tainas küpsetuspaberite vahel õhukeseks ringiks. Määri ricotta segu taignale, jättes äärise. Kõige peale pane suhkrustatud maasikad ja vaarikad.

g) Murra taigna servad õrnalt täidise peale, tekitades kooriku. Pintselda servad munavahuga ja puista üle suhkruga.

h) Aseta galette 10-15 minutiks sügavkülma. Küpseta 400 °F juures 10 minutit, seejärel vähenda temperatuurini 350 °F ja küpseta veel 25 minutit, kuni see on kuldpruun.

i) lase galetil 15-20 minutit jahtuda.

j) Serveeri soojalt või toatemperatuuril, soovi korral tuhksuhkruga üle puistatuna ja kulbikatäie jäätise kõrvale. Nautige!

19.Vaarika ja sidruni galette

KOOSTISOSAD:

- 1 leht poest ostetud lehttaigna, sulatatud
- 1 tass värskeid vaarikaid
- 1 sidruni koor
- 2 spl sidrunimahla
- 1/4 tassi granuleeritud suhkrut
- 1 spl maisitärklist
- 1 lahtiklopitud muna (munade pesemiseks)
- tuhksuhkur, tolmutamiseks (valikuline)

JUHISED:

a) Kuumuta ahi temperatuurini 375 °F (190 °C) ja vooderda küpsetusplaat küpsetuspaberiga.

b) Sega kausis värsked vaarikad, sidrunikoor, sidrunimahl, granuleeritud suhkur ja maisitärklis. Loksutage õrnalt, kuni vaarikad on ühtlaselt kaetud .

c) Rulli sulatatud lehttaignaleht kergelt jahusel pinnal umbes 12-tollise läbimõõduga karedaks ringiks.

d) Tõsta lahtirullitud lehttainas ettevalmistatud ahjuplaadile.

e) Tõsta vaarikasegu lusikaga lehttaigna keskele, jättes servadele umbes 2-tollise äärise.

f) Murra lehttaigna servad vaarikate peale, voldi vastavalt vajadusele, et tekiks rustikaalne galette kuju.

g) Pintselda küpsetise servad lahtiklopitud munaga, et anda sellele küpsetamisel kuldne värv.

h) Küpseta eelkuumutatud ahjus 25-30 minutit või kuni küpsetis on kuldpruun ja vaarikad mullitavad.

i) Võta ahjust välja ja lase galettel enne serveerimist veidi jahtuda.

j) Soovi korral puista enne serveerimist üle tuhksuhkruga.

k) Viiluta ja naudi maitsvat vaarika- ja sidrunigaletti !

20.Mustika ja lavendli galette

KOOSTISOSAD:

- 1 leht poest ostetud lehttaigna, sulatatud
- 2 tassi värskeid mustikaid
- 1 supilusikatäis kulinaarseid lavendlipungasid
- 1 sidruni koor
- 2 spl sidrunimahla
- 1/4 tassi granuleeritud suhkrut
- 1 spl maisitärklist
- 1 lahtiklopitud muna (munade pesemiseks)
- tuhksuhkur, tolmutamiseks (valikuline)

JUHISED:

a) Kuumuta ahi temperatuurini 375 °F (190 °C) ja vooderda küpsetusplaat küpsetuspaberiga.

b) Sega kausis värsked mustikad, kulinaarsed lavendlipungad, sidrunikoor, sidrunimahl, granuleeritud suhkur ja maisitärklis. Viska õrnalt, kuni mustikad on ühtlaselt kaetud .

c) Rulli sulatatud lehttaignaleht kergelt jahusel pinnal umbes 12-tollise läbimõõduga karedaks ringiks.

d) Tõsta lahtirullitud lehttainas ettevalmistatud ahjuplaadile.

e) Tõsta mustikasegu lusikaga lehttaigna keskele, jättes servadele umbes 2-tollise äärise.

f) Murra lehttaigna servad mustikate peale, voldi vastavalt vajadusele, et tekiks rustikaalne galette kuju.

g) Pintselda küpsetise servad lahtiklopitud munaga, et anda sellele küpsetamisel kuldne värv.

h) Küpseta eelkuumutatud ahjus 25-30 minutit või kuni küpsetis on kuldpruun ja mustikad mullitavad.

i) Võta ahjust välja ja lase galettel enne serveerimist veidi jahtuda.

j) Soovi korral puista enne serveerimist üle tuhksuhkruga.

21.Kirsi ja mandli galette

KOOSTISOSAD:
- 1 leht poest ostetud lehttaigna, sulatatud
- 2 tassi värskeid kirsse, kivideta ja poolitatud
- 1/4 tassi granuleeritud suhkrut
- 1 spl maisitärklist
- 1/2 tl mandli ekstrakti
- 1/4 tassi mandlijahu
- 1 lahtiklopitud muna (munade pesemiseks)
- Viilutatud mandlid, kaunistamiseks (valikuline)
- tuhksuhkur, tolmutamiseks (valikuline)

JUHISED:
a) Kuumuta ahi temperatuurini 375 °F (190 °C) ja vooderda küpsetusplaat küpsetuspaberiga.
b) Sega kausis värsked kirsid, granuleeritud suhkur, maisitärklis ja mandliekstrakt. Viska õrnalt, kuni kirsid on ühtlaselt kaetud .
c) Rulli sulatatud lehttaignaleht kergelt jahusel pinnal umbes 12-tollise läbimõõduga karedaks ringiks.
d) Tõsta lahtirullitud lehttainas ettevalmistatud ahjuplaadile.
e) Puista mandlijahu ühtlaselt lehttaigna keskele, jättes servadele umbes 2-tollise äärise.
f) Laota kirsisegu mandlijahukihi peale.
g) Voldi lehttaigna servad üle kirsside, voldi vastavalt vajadusele, et tekiks maalähedane galette kuju.
h) Pintselda küpsetise servad lahtiklopitud munaga, et anda sellele küpsetamisel kuldne värv. Soovi korral puista paljastatud kirssidele viilutatud mandleid.
i) Küpseta eelkuumutatud ahjus 25-30 minutit või kuni küpsetis on kuldpruun ja kirsid mullitavad.
j) Võta ahjust välja ja lase galettel enne serveerimist veidi jahtuda.
k) Soovi korral puista enne serveerimist üle tuhksuhkruga.
l) Viiluta ja naudi maitsvat kirsi- ja mandligaletti !

22.Blackberry ja Mint Galette

KOOSTISOSAD:

- 1 leht poest ostetud lehttaigna, sulatatud
- 2 tassi värskeid murakaid
- 1/4 tassi granuleeritud suhkrut
- 1 spl maisitärklist
- 1 sidruni koor
- 2 spl hakitud värskeid piparmündi lehti
- 1 spl sidrunimahla
- 1 lahtiklopitud muna (munade pesemiseks)
- tuhksuhkur, tolmutamiseks (valikuline)

JUHISED:

a) Kuumuta ahi temperatuurini 375 °F (190 °C) ja vooderda küpsetusplaat küpsetuspaberiga.

b) Sega kausis värsked murakad, granuleeritud suhkur, maisitärklis, sidrunikoor, hakitud värsked piparmündilehed ja sidrunimahl. Loksutage õrnalt, kuni murakad on ühtlaselt kaetud .

c) Rulli sulatatud lehttaignaleht kergelt jahusel pinnal umbes 12-tollise läbimõõduga karedaks ringiks.

d) Tõsta lahtirullitud lehttainas ettevalmistatud ahjuplaadile.

e) Tõsta muraka segu lehttaigna keskele, jättes servadele umbes 2-tollise äärise.

f) Murra lehttaigna servad murakate peale, voldi vastavalt vajadusele, et tekiks rustikaalne galette kuju.

g) Pintselda küpsetise servad lahtiklopitud munaga, et anda sellele küpsetamisel kuldne värv.

h) Küpseta eelkuumutatud ahjus 25-30 minutit või kuni küpsetis on kuldpruun ja murakad mullitavad.

i) Võta ahjust välja ja lase galettel enne serveerimist veidi jahtuda.

j) Soovi korral puista enne serveerimist üle tuhksuhkruga.

VEGGIE GALETTES

23.Butternut Squash ja Apple Galette

KOOSTISOSAD:

- 1 ½ tassi speltajahu
- 6-8 salveilehte
- ¼ tassi külma vett
- 6 spl kookosõli
- Meresool

TÄIDISE JAOKS:

- 1 spl oliiviõli
- ¼ punast sibulat, õhukeselt viilutatud
- 1 spl salvei lehti
- ½ punast õuna, väga peeneks viilutatud
- ¼ kõrvitsat, nahk eemaldatud ja väga peeneks viilutatud
- 1 spl kookosõli, jagatud ja broneeritud katteks
- 2 spl salvei, reserveeritud katteks
- Meresool

JUHISED:

a)   Kuumuta oma ahi temperatuurini 350 ° F.

b)   Valmistage koorik, lisades toiduveskisse jahu, meresoola ja salveilehed . Lisage järk-järgult kookosõli ja vesi ning pulseerige regulaarselt, kuna see seguneb õrnalt jahuga. Pulseerige ainult piisavalt, kuni komponendid integreeruvad, umbes 30 sekundit.

c)   Vahepeal valmista täidis. Kuumuta väikesel pannil keskmisel-kõrgel kuumusel oliiviõli. Lisage sibulad, näpuotsaga soola ja üks teelusikatäis salveilehti ning hautage umbes 5 minutit. Tõstke see kõrvale, kui rullite tainast umbes ¼ tolli paksuse ringi.

d)   Sega kõrvits ja õunad väikeses kausis tilga oliiviõli ja meresoolaga. Lisa sibula peale kõrvits ja õunaviilud (lihtsalt nagu pildil näha).

e)   Murra koore servad õrnalt kõrvitsa väliskülgede peale. Valage galette peale väikesed tükid kookosõli koos salveilehtedega ja küpsetage ahjus 20-25 minutit või kuni koor on helbed ja kõrvits on läbi küpsenud.

24.Punase pipra ja küpsetatud munagaletid

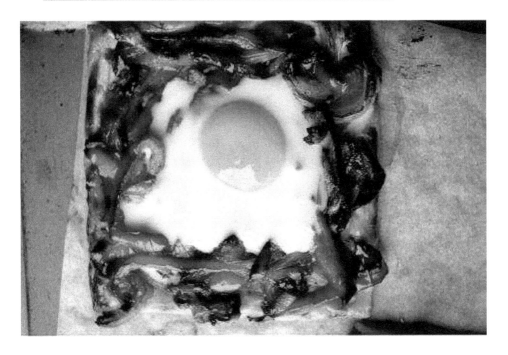

KOOSTISOSAD:

- 4 keskmist punast paprikat, poolitatud, seemnetest eemaldatud ja lõigatud ⅜ tolli / 1 cm laiusteks ribadeks
- 3 väikest sibulat, poolitatud ja lõigatud ¾ tolli / 2 cm laiusteks viiludeks
- 4 tüümianioksa, lehed korjatud ja tükeldatud
- 1½ tl jahvatatud koriandrit
- 1½ tl jahvatatud köömneid
- 6 supilusikatäit oliiviõli, pluss lõpetuseks lisa
- 1½ supilusikatäit lamedate lehtedega peterselli lehti, jämedalt hakitud
- 1½ supilusikatäit koriandri lehti, jämedalt hakitud
- 9 untsi / 250 g parima kvaliteediga täisvõine lehttainas
- 2 spl / 30 g hapukoort
- 4 suurt vabapidamisel peetavat muna (või 5½ untsi / 160 g fetajuustu, purustatud) pluss 1 muna, kergelt lahtiklopituna
- soola ja värskelt jahvatatud musta pipart

JUHISED:

a) Kuumuta ahi temperatuurini 400 °F / 210 °C. Sega suures kausis paprika, sibul, tüümianilehed, jahvatatud vürtsid, oliiviõli ja hea näputäis soola. Laota röstimispannile laiali ja rösti 35 minutit, küpsetamise ajal paar korda segades. Köögiviljad peaksid olema pehmed ja magusad, kuid mitte liiga krõbedad ega pruunid, sest need küpsevad edasi. Võta ahjust välja ja sega hulka pool värsketest ürtidest. Maitsesta maitsestamist ja tõsta kõrvale. Lülitage ahi temperatuurini 425 °F / 220 °C.

b) Rulli lehttainas kergelt jahusel pinnal 12-tolliseks / 30 cm paksuseks umbes 3 mm paksuseks ruuduks ja lõika neljaks 6 -tolliseks / 15 cm ruuduks. Torkake ruudud kahvliga läbi ja asetage need hästi vahedega küpsetuspaberiga kaetud ahjuplaadile. Lase külmikus vähemalt 30 minutit puhata.

c) Võta küpsetis külmkapist ning pintselda pealt ja küljed lahtiklopitud munaga. Kandke nihkelabida või lusika tagaosa abil igale ruudule 1½ teelusikatäit hapukoort, jättes servade ümber 0,5 cm äärise. Aseta 3 supilusikatäit piprasegu hapukoorega kaetud ruutude peale, jättes servad kerkimiseks selgeks. See tuleks jaotada üsna ühtlaselt , kuid jätke keskele madal süvend, et hiljem muna kinni hoida.

d) Küpseta galette 14 minutit. Võta küpsetusplaat ahjust välja ja löö ettevaatlikult terve muna iga saia keskel olevasse süvendisse. Tõsta tagasi ahju ja küpseta veel 7 minutit, kuni munad on tahenenud. Puista peale musta pipart ja ülejäänud ürte ning nirista peale õli. Serveeri korraga.

25.Spargli-, prosciutto- ja kitsejuustugalette

KOOSTISOSAD:

- 2 keskmist sibulat, hakitud
- 1 spl oliiviõli
- 1 spl soolata võid
- ½ naela õhukest sparglit (umbes 15 oda, ¼–½ tolli paksune), kärbitud
- 2 Galette ringi (retsept järgneb), küpsetatud
- ¼ naela õhukesteks viiludeks lõigatud prosciutto, lõigake risti õhukesteks viiludeks
- ⅓ tassi pehmet mahedat kitsejuustu (umbes 4 untsi), toatemperatuur
- ¼ tassi piima
- ¾ pulk (6 supilusikatäit) soolata võid, sulatatud ja jahutatud
- 3 suurt munakollast
- 1 suur terve muna
- 2 tassi universaalset jahu
- 1¾ teelusikatäit soola
- 3 spl hakitud värsket murulauku

JUHISED:

a) Prae pannil sibulaid õlis ja võis, maitse järgi soola ja pipraga, mõõdukalt madalal kuumusel 15 minutit või kuni kuldpruunini. Tõsta sibul kaussi jahtuma.

b) Valmistage ette suur kauss jää ja külma veega. Lõika spargel risti ½-tollisteks tükkideks ja küpseta suures kastrulis keevas soolaga maitsestatud vees 3–5 minutit või kuni see on pehme. Nõruta spargel kurnis ja tõsta keetmise lõpetamiseks jää ja külma veega kaussi. Tõsta spargel veest välja ja patsuta kuivaks.

c) Kuumuta ahi 400 °F-ni.

d) Laota sibul ühtlaselt galette'i vormidele ning tõsta peale prosciutto, spargel ja kitsejuust. Küpseta galette küpsetusplaadil ahju keskosas umbes 15 minutit või kuni pealsed on kergelt pruunikad . Tõsta galetid restile ja lase jahtuda.

e) Serveeri viiludeks lõigatud galette toatemperatuuril.

GALETTI RINGID:

f) Vahusta kausis piim, või, munakollased ja terve muna. Teises kausis vahustage jahu, sool ja murulauk ning segage piimasegusse, kuni need on lihtsalt segunenud.
g) Sõtku tainast kergelt jahusel pinnal jahuga ülepuistatud kätega umbes 8 korda või lihtsalt ühtlaseks. Mähi tainas kilesse ja jahuta tund aega.
h) Kuumuta ahi 450 ° F-ni.
i) Jaga tainas 4 tükiks. Rulli iga tükk jahusel taignarulliga kergelt jahusel pinnal 8-tolliseks ringiks. Tõsta ringid 2 küpsetusplaadile ja suru servad dekoratiivselt kokku. Jahuta tainast 10 minutit ja küpseta ahju keskmises ja alumises kolmandikus umbes 5 minutit või kuni see on kuldpruun. Tõsta galetid restidele ja lase neil täielikult jahtuda. Galettes võib valmistada 1 päev ette ja hoida suletavas kilekotis toatemperatuuril .

26.Baklažaani ja tomati Galette

KOOSTISOSAD:

- 17¼ untsi külmutatud lehttainast
- 2 baklažaani
- soola
- 5 ploomtomatit
- 15 untsi ricotta juustu
- 2 tl küüslauku
- 6 supilusikatäit basiilikut
- 2 tl rosmariini
- 1 spl pune
- ¼ tl purustatud punase pipra helbeid
- Must pipar
- 12 untsi mozzarella juustu
- 2 spl oliiviõli
- ½ tassi parmesani juustu
- Kaunistuseks basiilikulehed

JUHISED:

a) Asetage lehttaignaleht jahuga ülepuistatud tööpinnale ja rulli see 14-tolliseks ruuduks. Tõsta suurele ääristeta küpsetusplaadile. Kasutage vette kastetud kondiitripintslit, pintseldage ruudu kõikidel külgedel 1-tolline ääris. Rulli taina servad 1 tolliks ja näpi kokku, et moodustada umbes ½ tolli kõrgune serv. Igas nurgas on veidi üleliigset tainast; suru pallikujuliseks. Kasutage noa tagumist serva mustri tegemiseks. Korrake sama teise lehega. Jahutage, kuni see on kõva, umbes 30 minutit. Seda saab valmistada kuni päev ette. Kata tihedalt kilega ja jahuta.

b) Aseta baklažaaniviilud ahjuplaadile ja puista üle ohtralt soolaga. Laske neil 30 minutit seista. Aseta kurn ja loputa külma jooksva vee all. Nõruta ja kuivata. Tõsta tomativiilud paberrätikutele nõrguma.

c) Sega ricotta, küüslauk, ürdid, punase pipra helbed, ¼ tl soola ja musta pipart maitse järgi. Määri pool juustusegust igale taignakoorele.

d) Puista peale mozzarella juust. Seda saab valmistada 4–5 tundi enne seda punkti. Katke ja jahutage.

e) Kuumuta ahi temperatuurini 425 ° F. Laota igale lehttaignaruudule veidi kattuvad baklažaaniviilud ja seejärel tõsta peale veidi kattuvad tomativiilud. Nirista igale galetile umbes 1-2 supilusikatäit oliiviõli ja puista üle parmesani juustuga.

f) Küpseta ahju alumises osas, kuni koorik on rikkalikult tumekuldne ja köögiviljad pehmed, umbes 40 minutit. Tõsta 2-3 minutiks jahutusrestile. Kaunista basiilikulehtedega. Lõika iga galette 16 ruuduks ja serveeri soojalt.

27.Kartuli porrugaletid

KOOSTISOSAD:

- 500 grammi porrulauku, julieneeritud
- 1 spl margariini või võid
- 2 spl vett
- 500 grammi keedetud kartulit (eelmisel päeval koorega keedetud), kooritud ja riivitud
- 2 muna
- ¾ teelusikatäit soola
- 1 näputäis muskaatpähkel
- Pipar maitse järgi
- Praadimiseks õli või või

JUHISED:

a) Kuumuta sügaval pannil margariin või või ja lisa julieneeritud porru. Lisa vesi ja auruta porrut pehmeks.

b) Sega kausis riivitud kartul, munad, sool, pipar ja muskaatpähkel.

c) Lisa aurutatud porru kartulisegule. Võtke suur lusikatäis segu korraga ja laotage see praepannil, et moodustada väikesed ümmargused galette (umbes burgeri suuruse ja kujuga).

d) Prae galette mõlemalt poolt kuldpruuniks.

e) Serveeri porrugalette koos hooajalise salatiga, et saada mõnusat einet.

28.Lehtpeet Galette feta ja piiniapähklitega

KOOSTISOSAD:
- ¼ tassi sõstraid
- 1 sibul, tükeldatud
- 2 küüslauguküünt, hakitud
- 1 suur hunnik Šveitsi mangoldi või spinatit
- ½ tassi fetat
- 2 spl piiniaseemneid (või hakitud mandleid või kreeka pähkleid)
- Meresool ja pipar
- 2 lahtiklopitud muna (1 supilusikatäis reserveeritud)
- Kondiitritooted

JUHISED:
TÄIDISE ETTEVALMISTAMISEKS:
a) Eemaldage rohelistest varred. Haki varred nagu selleril. Haki lehed jämedalt.
b) Prae suurel pannil keskmisel kuumusel sibul oliiviõlis pehmeks.
c) Lisa küüslauk ja tükeldatud varred ning küpseta 2-3 minutit.
d) Lisage tükeldatud rohelised ja segage hästi. Keeda pehmeks (umbes 5 minutit).
e) Vajutage puulusika seljaga liigne niiskus välja. Maitsesta soola ja pipraga. Kraabi segu kaussi ning lisa sõstrad ja pähklid. Lisage feta ja munad vahetult enne selle ettevalmistatud tainale lusikaga asetamist.

GALETTE KOOSTAMISEKS:
f) Kuumuta ahi temperatuurini 375 F
g) kergelt jahusel pinnal umbes ¼ tolli paksuseks karedaks ringiks. Tõsta küpsetuspaberiga kaetud ahjuplaadile (kõige parem on külgmine plaat, juhuks kui galette lekib).
h) Kuhjake täidis saiale, jättes 2–3-tollise äärise. Voldi ääris õrnalt täidise peale, kattudes taignaga, kus vaja.
i) Pintselda saia pealmine osa reserveeritud munaga.
j) Küpseta 45 minutit kuni tund, kuni küpsetis näeb kuldne ja täidis on tahke. Kata viimased 15 minutit lõdvalt fooliumiga, kui küpsetis liiga palju pruunistub. Lase enne lõikamist 10 min jahtuda.
k) Serveeri soojalt või toatemperatuuril.

29.Seene- ja sellerijuur Galette seenekastmega

KOOSTISOSAD:
TÄIDISEKS:
- 1 väike sellerijuur (¾ naela)
- 2 keskmist porrulauku
- 1 kilo valgeid seeni
- 3 supilusikatäit oliiviõli
- 1 suur sibul, peeneks hakitud
- 1 sidrun, poolitatud
- ½ tl kuivatatud estragoni
- Sool ja värskelt jahvatatud pipar, maitse järgi
- 2 keskmist küüslauguküünt, hakitud
- ¼ tassi värsket lamedate lehtedega peterselli, hakitud, pluss veel kaunistuseks

SEENEKASTME JAOKS:
- ½ tassi creme fraiche või hapukoort
- 2 spl värskelt riivitud parmesani või Asiago juustu
- Seenekaste

SEENEKASTME JAOKS:
- Seene pärineb valgetest seentest
- Selleri juure kaunistused
- Porrulauk
- 2 spl oliiviõli
- 1 väike sibul, hakitud
- 1 küüslauguküüs, hakitud
- 1 tass kana- või köögiviljapuljongit
- ½ tassi valget veini
- Sool ja pipar, maitse järgi

TAIGNA JAOKS:
- Pärmitainas või pirukatainas

LISAKS:
- 1 suur muna, lahtiklopitud

JUHISED:
SEENEKASTME JAOKS:

a) Kuumuta suurel mittereaktiivsel pannil madalal kuumusel 2 supilusikatäit oliiviõli.
b) Tõsta lõhikuga lusika abil tükeldatud juurselleri juur pannile. Lisa hakitud porrulauk ja sibul.
c) Pigista pool sidrunit köögiviljadele, lisa estragon ja küpseta, kuni vedelik on aurustunud ning köögiviljad on pehmed ja hakkavad pruunistuma (umbes 12 minutit). Maitsesta soola ja pipraga.
d) Viige segu mittereageerivasse kaussi.
e) Kuumutage samal pannil kõrgel kuumusel ülejäänud 1 spl õli. Segage seened, kuni need on õliga kaetud, seejärel pigistage ülejäänud sidrunist pool. Küpseta, kuni seened hakkavad värvuma (umbes 2 minutit).
f) Maitsesta peterselli, soola ja pipraga. Tõsta tulelt ja sega hulka juurselleri segu. Voldi sisse ½ tassi valmistatud seenekastet, creme fraiche'i ja parmesani.

GALETTE EEST:
g) Kuumuta ahi 375 kraadini.
h) Kergelt jahuga ülepuistatud küpsetusplaadil ilma külgedeta rulli galette tainas 14-tolliseks ringiks. (Teise võimalusena jagage tainas neljaks ühtlaseks tükiks ja rullige 8-tollisteks ringideks.)
i) Määri täidis taignale, jättes 2-tollise äärise. Voldi kokku ja voldi taigna piir.
j) Määri tainas lahtiklopitud munaga.
k) Küpseta galette kuldseks, pärmitaigna puhul umbes 30 minutit ja pirukataigna puhul 40 minutit.

SERVERIMISEKS:
l) galette ülaosale ¼ tassi seenekastet .
m) Kaunista hakitud peterselliga.
n) Lõika galette viiludeks ja lusikaga igaühe peale kastet.

SEENEKASTME JAOKS:
o) Kuumuta suures potis 2 spl oliiviõli.
p) Lisage seenevarred, selleri juureosad, porrulauk, sibul ja küüslauk. Prae kuni köögiviljad on pehmenenud .

q) Vala sisse kana- või köögiviljapuljong ja valge vein. Maitsesta soola ja pipraga.
r) Hauta segu umbes 20 minutit, seejärel kurna, visake ära.
s) Valage vedelik tagasi kastrulisse ja hautage, kuni see väheneb ja pakseneb.
t) Vajadusel kohandage maitsestamist.
u) Kasutage seda seenekastet galette täidises vastavalt ülaltoodud juhistele.

30.Kartuli ja seente galette

KOOSTISOSAD:

- 1 kilo erinevaid metsaseeni
- 1½ supilusikatäit võid
- 2½ supilusikatäit rapsiõli
- Sool, maitse järgi
- ½ tl pipart
- 2½ naela universaalset kartulit
- 1½ supilusikatäit ekstra neitsioliiviõli

JUHISED:

a) Loputage seened põhjalikult jahedas vees. Tõsta seened veest välja ja nõruta hästi. Lõika seened ¼ tolli paksusteks viiludeks.

b) Suurel mittenakkuval pannil sulatage või 1 spl rapsiõlis. Lisa seened, ½ tl soola ja pipart. Küpseta kõrgel kuumusel aeg-ajalt segades, kuni vedelik on aurustunud ja seened hakkavad pruunistuma (umbes 10 minutit). Tõsta kaussi. Pühkige pann välja.

c) Koori kartulid ja tükelda köögikombainis või riivis. Loputage kartuliribad ja patsutage need kuivaks.

d) Kuumuta pannil oliiviõli ja ülejäänud 1½ supilusikatäit rapsiõli. Lisa kartulid ja ½ tl soola. Viska läbi ja prae kõrgel kuumusel, kuni see on kergelt pruunistunud (umbes 5 minutit). Tõsta üks kolmandik kartulitest kaussi.

e) Vajutage pannil ülejäänud kartulid alla, et tekiks õhuke, kindel "voodi".

f) Tõsta seened lusikaga kartulipeenrale, seejärel laota peale reserveeritud kartulid nii, et need kataks suurema osa seentest. Vajutage kergelt alla, et galette kokku suruda .

g) Kata ja küpseta galette mõõdukal kuumusel aeg-ajalt panni raputades, kuni põhi on pruunistunud (umbes 10 minutit).

h) Eemaldage tulelt ja laske 5 minutit puhata. Tõsta galette ümmargusele vaagnale, lõika viiludeks ja serveeri.

31.Maguskartuli galette

KOOSTISOSAD:
- 2 naela Yukon Gold või Yellow Finn kartulit
- 4 naela maguskartulit
- ¾ tassi võid
- Sool ja pipar maitse järgi

VALIKULISED LISAD:
- Õuna-apteegitilli kompott (vt retsepti)
- Köögikoor

JUHISED:

a) Koorige kollased kartulid ja maguskartulid ning lõigake need õhukesteks viiludeks, umbes 1/16 tolli.

b) Kata kollased kartuliviilud külmas vees kuni kasutusvalmis, et vältida pruunistumist.

c) 12-tollises pannil sulatage 5 supilusikatäit võid ja eemaldage see tulelt.

d) Eraldi pannil sulatage ülejäänud või.

e) Laota üks kiht bataadiviile pannil sulatatud või peale. Alumise kihi jaoks kasutage kõige ühtlasemaid viile.

f) Alustage panni keskosast ja looge kattuvad kontsentrilised ringid, muutes iga ringi suunda, kuni panni põhi on kaetud.

g) Pintselda seda kihti ekstra sulatatud võiga ning puista üle ohtralt soola ja pipraga.

h) Korrake protsessi kollase kartuli kihiga, pintseldades sulavõiga ning maitsestades soola ja pipraga.

i) Jätkake vaheldumisi bataadi ja kollase kartuli kihtide tegemist, kuni pann on täis.

j) Asetage kartulipann keskmisel-kõrgel kuumusel ja küpseta, kuni see hakkab särisema. Jätkake küpsetamist veel 5 minutit, aeg-ajalt panni raputades, et vältida kleepumist.

k) Kata kartulid fooliumiga ja küpseta 450 kraadi Fahrenheiti juures, kuni kartul on läbi küpsenud , umbes 30 minutit. Küpsust kontrolli varda või lõikamisnoaga.

l) Eemaldage foolium ja suruge kartulid spaatliga alla, tihendades kihte. Küpseta kaaneta veel 10 minutit.

m) Tõsta ahjust välja ja vala ettevaatlikult pannilt üleliigne või.

n) Asetage suur taldrik või vaagen pannile ja keerake see tagurpidi, asendades kõik viilud, mis võivad maha kukkuda.

o) Lõika galette viiludeks ja serveeri. Soovi korral saate selle juurde lisada õuna-apteegitilli kompoti ja creme fraiche'i.

32.Tomati ja karamelliseeritud sibulagalett

KOOSTISOSAD:

- 2½ naela kollast sibulat, jämedalt hakitud
- 6 värsket tüümianioksa VÕI 2 näputäis kuivatatud tüümiani
- ¼ tassi oliiviõli
- Sool ja värskelt jahvatatud pipar
- 1 spl värsket rosmariini, hakitud VÕI 1 tl kuivatatud rosmariini
- Pärmitainas või pirukatainas
- 3 untsi Gorgonzola juustu
- 1 suur kirsstomat või ploomtomat, risti ⅓" paksusteks viiludeks
- 1 suur muna, lahtiklopitud

JUHISED:

a) Küpsetage suures, raskes, mittereageerivas kastrulis sibulat ja tüümian mõõdukal kuumusel üks või kaks korda segades, kuni sibul hakkab kuldseks muutuma, umbes 15 minutit.

b) Lisage 3 supilusikatäit õli, katke kaanega ja küpseta madalal kuumusel, kraapides pannil iga 10 minuti järel, kuni sibul on pruunistunud , umbes 1 tund.

c) Maitsesta soola ja pipra ning 2 tl värske rosmariiniga (või kogu kuivatatud rosmariiniga). Lase jahtuda.

d) Kuumuta ahi 400 kraadini.

e) Kergelt jahuga ülepuistatud küpsetusplaadil ilma külgedeta rulli galette tainas 14-tolliseks ringiks. (Teise võimalusena jagage tainas neljaks ühtlaseks tükiks ja rullige 8-tollisteks ringideks.)

f) Määri karamelliseeritud sibulatäidis taignale, jättes 2-tollise äärise.

g) Murenda peale Gorgonzola juust ja kata tomativiilud rõngaks.

h) Maitsesta soola ja pipraga ning nirista peale ülejäänud 1 spl õli.

i) Voldi kokku ja voldi taigna piir. Määri tainas lahtiklopitud munaga.

j) Küpseta galette , kuni koorik on kuldne, pärmitaigna puhul umbes 20 minutit ja pirukataigna puhul 35 minutit.

k) peale ülejäänud 1 tl värsket rosmariini ja serveeri galette kuumalt või soojalt.

33.Maisigalet suvikõrvitsa ja kitsejuustuga

KOOSTISOSAD:
TÄIDISEKS:

- 1 spl oliiviõli
- 1 keskmine šalottsibul, hakitud
- 1 keskmine suvikõrvits, lõigatud ¼-tollisteks kuubikuteks
- ¼ teelusikatäit koššersoola ja vajadusel rohkem
- Värskelt jahvatatud must pipar
- 2 tassi värskeid maisiterad (umbes 3 kuni 4 kõrvaga)
- 2 tl värskeid tüümiani lehti
- 3 untsi värsket kitsejuustu, purustatud (umbes ¾ tassi)

KOOSTAMA:

- Universaalne jahu tolmutamiseks
- 1 ostetud pirukakoorik (umbes 7,5 untsi), külmutatud kujul sulatatud
- 1 tl Dijoni sinepit

JUHISED:
TEE TÄIDIS:
a) Kuumuta õli suurel pannil keskmisel kuumusel läikima.
b) Lisa šalottsibul ja prae, kuni see hakkab just pehmenema, umbes 2 minutit.
c) Lisa suvikõrvits, ¼ tl soola ja maitsesta pipraga. Küpseta, kuni köögiviljad on pehmed, 4–5 minutit.
d) Tõsta tulelt ning sega hulka maisiterad ja tüümianilehed.
e) Tõsta segu kaussi ja lase jahtuda toatemperatuurini.
f) Asetage rest ahju keskele ja soojendage temperatuurini 400 °F. Vooderda ahjuplaat küpsetuspaberiga.
g) Kui segu on jahtunud, lisa kitsejuust ja sega ühtlaseks. Maitsesta vajadusel veel soola ja pipraga.

GALETTE KOKKUVÕTE:
h) Aseta pirukakoor kergelt jahuga ülepuistatud tööpinnale.
i) Rulli tainas taignarulli abil umbes 12-tollise läbimõõduga ringiks.
j) Alustades taigna ühest otsast, rullige pirukakoor lahtiselt taignarulli ümber.
k) Tõsta tainas ettevalmistatud küpsetusplaadile ja rulli tagasi tasaseks.
l) Määri sinep taignale, jättes umbes 1,5–2 -tollise serva.
m) Tõsta täidis lusikaga ühtlaselt sinepi peale.
n) Voldi taigna servad õrnalt täidise peale, kattes umbes 1,5–2 tolli täidist ja voltides tainast iga 2 tolli järel.
o) Küpseta, kuni koorik on kuldpruun, 30–40 minutit.
p) lase galetil vähemalt 5–10 minutit jahtuda.

34.Juustune salaami ja tomatigalett

KOOSTISOSAD:
- 130 g võid
- 300 g jahu
- 1 tl soola
- 1 muna
- 80 ml piima
- ½ tl äädikat

TÄITMINE:
- 1 tomat
- 1 magus pipar
- suvikõrvits
- salaami
- mozzarella
- 1 supilusikatäis oliiviõli
- maitsetaimed (nt tüümian, basiilik, spinat)

JUHISED:

a) Tükelda või.

b) Sega kausis või pannil õli, jahu ja sool ning tükelda noaga.

c) Viska sisse muna, veidi äädikat ja natuke piima.

d) Alustage taigna sõtkumist. Pärast palliks rullimist ja kilesse mähkimist pane pooleks tunniks külmkappi.

e) Tükelda kõik täidise koostisosad .

f) Aseta täidis küpsetuspaberil (v.a Mozzarella) rullitud suure taignaringi keskele .

g) Nirista peale oliiviõli ning maitsesta soola ja pipraga.

h) Seejärel tõstke ettevaatlikult taigna servad üles, keerake need ümber kattuvate osade ja suruge need kergelt sisse.

i) Kuumuta ahi 200°C-ni ja küpseta 35 minutit. Kümme minutit enne küpsetusaja lõppu lisage mozzarella ja jätkake küpsetamist.

j) Serveeri kohe!

35.Tomati, pesto ja kitsejuustu galette

KOOSTISOSAD:

- 8½ untsi lehttainast
- ⅓ tassi Pestot
- 2 spl parmesani juustu; pluss 1 tl
- 3 keskmist Küpsed tomatid
- 4 untsi Jahutatud kitsejuust, purustatud ja jahutatud
- ½ tassi Nicoise oliive; aukudega
- Värskelt jahvatatud must pipar
- 1 spl ekstra neitsioliiviõli
- 3 värsket basiilikulehte; hakitud (kuni 4 supilusikatäit)

JUHISED:

a) Valmistage koorik: vajate 10- või 11-tollist koogipanni. Sulatage lehttaignaleht 30 minutit. Kuumuta ahi 400 kraadini.

b) Voltige tainas lahti ja rullige see 14-tolliseks ruuduks või 4 tolli suuremaks kui hapupann. Lõika pannist 2 tolli suurem ring, kasutades juhikuna panni põhja.

c) Laota tainas koogipannile, voldi tainast serva moodustamiseks umbes 1-tolline. Torgake kahvliga 1-tolliste vahedega taina põhi ja külg. Küpseta 15 minutit või kuni helekuldpruunini.

d) Valmista Tart: määri pesto saiale. Puista pesto peale 2 spl parmesani.

e) Pühkige tomatid, südamik ja lõigake ¼-tollisteks viiludeks. Aseta tomativiilud kontsentrilisteks ringideks , alustades kondiitrikoore välisservast.

f) Murenda kitsejuust tomatite peale. Jaotage peale oliivid, seejärel puistake peale ülejäänud 1 tl parmesani juustu. Jahvata peale musta pipart ja nirista peale oliiviõli.

g) Küpseta torti 15 minutit või kuni kitsejuust hakkab sulama. Kui äär muutub liiga pruuniks, katke see alumiiniumfooliumi ribadega.

h) Vahetult enne serveerimist kaunista tort pealt riivitud basiilikuga.

i) Torti võib serveerida soojalt või toatemperatuuril.

Spinat ja Ricotta Galette

KOOSTISOSAD:

- 1 leht poest ostetud lehttaigna, sulatatud
- 2 tassi värsket spinatit, hakitud
- 1 tass ricotta juustu
- 1/4 tassi riivitud parmesani juustu
- 1 küüslauguküüs, hakitud
- Sool ja pipar maitse järgi
- 1 lahtiklopitud muna (munade pesemiseks)

JUHISED:

a) Kuumuta ahi temperatuurini 375 °F (190 °C) ja vooderda küpsetusplaat küpsetuspaberiga.

b) kausis kokku tükeldatud spinat, ricotta juust, parmesani juust, hakitud küüslauk, sool ja pipar.

c) Rulli lehttaignaleht kergelt jahusel pinnal umbes 12-tollise läbimõõduga krobeliseks ringiks.

d) Jaotage spinati ja ricotta segu ühtlaselt lehttaignale, jättes servadele umbes 2-tollise äärise.

e) Murra lehttaigna servad spinatisegu peale, voldi vastavalt vajadusele, et tekiks maalähedane galette kuju.

f) Pintselda taina servad lahtiklopitud munaga.

g) Küpseta eelkuumutatud ahjus 25-30 minutit või kuni küpsetis on kuldpruun ja täidis tahenenud.

h) Lase enne serveerimist veidi jahtuda.

37.Brokkoli ja Cheddar Galette

KOOSTISOSAD:
- 1 leht poest ostetud lehttaigna, sulatatud
- 2 tassi brokoliõisikuid, blanšeeritud ja tükeldatud
- 1 tass hakitud Cheddari juustu
- 1/4 tassi riivitud parmesani juustu
- Sool ja pipar maitse järgi
- 1 lahtiklopitud muna (munade pesemiseks)

JUHISED:
a) Kuumuta ahi temperatuurini 375 °F (190 °C) ja vooderda küpsetusplaat küpsetuspaberiga.
b) Sega kausis tükeldatud brokoli, riivitud Cheddari juust, parmesani juust, sool ja pipar.
c) Rulli lehttaignaleht kergelt jahusel pinnal umbes 12-tollise läbimõõduga krobeliseks ringiks.
d) Jaotage brokkoli ja juustu segu ühtlaselt lehttaignale, jättes servadele umbes 2-tollise äärise.
e) Voldi lehttaigna servad brokolisegu peale, voldi vastavalt vajadusele.
f) Pintselda taina servad lahtiklopitud munaga.
g) Küpseta 25-30 minutit või kuni küpsetis on kuldpruun ja täidis kihisev.
h) Lase enne serveerimist veidi jahtuda.

KOOSTISOSAD:
- 1 leht poest ostetud lehttaigna, sulatatud
- 2 väikest suvikõrvitsat õhukesteks viiludeks
- 1/2 tassi ricotta juustu
- 2 spl basiiliku pestot
- Sool ja pipar maitse järgi
- 1 lahtiklopitud muna (munade pesemiseks)
- Värsked basiilikulehed kaunistuseks (valikuline)

JUHISED:
a) Kuumuta ahi temperatuurini 375 °F (190 °C) ja vooderda küpsetusplaat küpsetuspaberiga.
b) kausis kokku ricotta juust ja basiiliku pesto. Maitsesta soola ja pipraga maitse järgi.
c) Rulli lehttaignaleht kergelt jahusel pinnal umbes 12-tollise läbimõõduga krobeliseks ringiks.
d) Määri ricotta ja pesto segu ühtlaselt lehttaignale, jättes servadele umbes 2-tollise äärise.
e) Laota viilutatud suvikõrvits ricotta segu peale.
f) Murra lehttaigna ääred suvikõrvitsa ja ricotta peale, voldi vastavalt vajadusele.
g) Pintselda taina servad lahtiklopitud munaga.
h) Küpseta 25-30 minutit või kuni küpsetis on kuldpruun ja suvikõrvits pehme.
i) Lase enne serveerimist veidi jahtuda. Soovi korral kaunista värskete basiilikulehtedega.

39.Karamelliseeritud sibula ja spinati galette

KOOSTISOSAD:
- 1 leht poest ostetud lehttaigna, sulatatud
- 2 suurt sibulat, õhukeselt viilutatud
- 2 spl oliiviõli
- 2 tassi värskeid spinati lehti
- 1/4 tassi riivitud parmesani juustu
- Sool ja pipar maitse järgi
- 1 lahtiklopitud muna (munade pesemiseks)

JUHISED:
a) Kuumuta ahi temperatuurini 375 °F (190 °C) ja vooderda küpsetusplaat küpsetuspaberiga.
b) Kuumuta suurel pannil keskmisel kuumusel oliiviõli. Lisa viilutatud sibul ja küpseta aeg-ajalt segades, kuni see on karamelliseerunud, umbes 20-25 minutit.
c) Rulli lehttaignaleht kergelt jahusel pinnal umbes 12-tollise läbimõõduga krobeliseks ringiks.
d) Jaotage karamelliseeritud sibul ühtlaselt lehttaignale, jättes servadele umbes 2-tollise äärise.
e) Laota värsked spinatilehed karamelliseeritud sibulate peale.
f) Puista spinatile riivitud Parmesani juust.
g) Maitsesta soola ja pipraga maitse järgi.
h) Murra lehttaigna ääred spinati ja sibula peale, voldi vastavalt vajadusele.
i) Pintselda taina servad lahtiklopitud munaga.
j) Küpseta 25-30 minutit või kuni küpsetis on kuldpruun ja täidis läbi kuumenenud.
k) Lase enne serveerimist veidi jahtuda.

PÄHKLISED GALETID

40.Vaarika- ja sarapuupähkligalette vaarikakuuliga

KOOSTISOSAD:

- 2 untsi kuldset tuhksuhkrut
- 3 untsi jahvatatud sarapuupähkleid
- 4 untsi tavalist jahu, sõelutud
- 3 untsi soolamata võid, jahutatud ja lõigatud väikesteks tükkideks
- 1 munakollane, lahtiklopitud
- 1 nael + 2 untsi vaarikaid
- 4 spl tuhksuhkrut, sõelutud
- 284 ml vahukoort

JUHISED:

a) Sega köögikombainis suhkur, sarapuupähklid ja jahu. Lisa või ja töötle, kuni segu meenutab peent riivsaia. Lisa munakollane ja blenderda, kuni segust moodustub pall.

b) Rulli tainas kergelt jahusel pinnal umbes 3 mm (½") paksuseks. Lõika 6 cm (2½") lõikuriga välja 16 ringi. Aseta nakkumatutele küpsetusplaatidele ja küpseta eelsoojendatud ahjus 180°C (350°F, gaasitähis 4) 12-15 minutit või kuni see on kergelt värvunud. Enne jahutusrestile viimist jahutage veidi.

c) Coulis'i valmistamiseks püreesta pooled vaarikad ja sõelu, et eemaldada seemned. Sega juurde 45 ml (3 supilusikatäit) tuhksuhkrut.

d) Vahusta koor ja sega hulka ülejäänud tuhksuhkur.

e) Võileivale kaks muretaignaringi koore ja ülejäänud tervete vaarikatega. Kõige peale lisa veel koort ja vaarikaid. Korrake, et teha 8 galette .

f) Serveeri tuhksuhkruga üle puistatud, piparmündioksadtega kaunistatud ja vaarikakuuliga.

41.Mangopähkline Nutella pirukas Galette

KOOSTISOSAD:

- 7 untsi jahu
- 3½ untsi vegan võid (õhukesed viilud)
- 2 supilusikatäit suhkrut
- 2 supilusikatäit jääkülma vett
- 1 mango
- Näputäis soola
- 4-5 spl sarapuupähklipastat
- ¼ tassi mandlipiima ja ½ supilusikatäit suhkrut koore pintseldamiseks ja katmiseks

JUHISED:

a) Sega köögikombainis jahu ja või.
b) Lisage suhkur, näputäis soola ja viimasena vesi, et saada ühtlane tainas.
c) Lase 30 minutit külmikus puhata.
d) Viiluta mango õhukesteks viiludeks ja tõsta kõrvale.
e) Võtke pirukataigen ja rullige taignarulliga 10-12-tolliseks ringiks.
f) Kuumuta ahi 400 °F-ni.
g) Pintselda pirukataigna keskele 4-5 supilusikatäit isetehtud Nutellat. Jätke umbes 1 tolli servast vabaks.
h) Pane mangoviilud ringikujuliselt taignale.
i) Murra taigna serv koorikuks mango peale.
j) Pintselda koor mandlipiimaga. Puista koor suhkruga.
k) Küpseta 35-40 minutit ahjus.
l) Serveeri kohe.

42.Nektariin ja ploom Pistaatsia Galette

KOOSTISOSAD:
PISTAATSIAKOORIK
- 1 ½ tassi universaalset jahu
- ¼ tassi soolamata pistaatsiapähkleid, kooritud ja jämedalt hakitud
- 1 tl granuleeritud suhkrut
- ¼ teelusikatäit soola
- ½ tassi soolamata külma võid, viilutatud või 1 cm kuubikuteks lõigatud
- 1 suur munakollane
- 4 kuni 5 supilusikatäit külma vett

PUUVILJATÄIDIS
- ¼ tassi granuleeritud suhkrut
- 3 spl pirukatäidise parandajat
- ¼ tl jahvatatud kaneeli
- 6 kuni 8 nektariini, kivideta ja viilutatud
- 6 kuni 8 ploomi, kivideta ja viilutatud
- 1 spl sidrunimahla
- 2 spl soolata võid, lõigatud 1 cm kuubikuteks
- 1 spl granuleeritud suhkrut
- ¼ tassi soolamata pistaatsiapähkleid, kooritud ja jämedalt hakitud

JUHISED:
a) Vahusta keskmises kausis jahu, pistaatsiapähklid, suhkur ja sool. Viska peale või ja kata jahuseguga.
b) Lõika taignasegisti või pika kahvliga sisse või ja munakollane, kuni segu muutub umbes väikeste herneste suuruseks puruks.
c) Lisa 2 spl kaupa vett ja jätka jahusegusse tükeldamist, kuni moodustub tainas, mis võib kausi külgedelt muutuda üheks ühtseks taignamassiks. Vormi tainas lapikuks.
d) Kata tihedalt kilega ja lase tainal 30 minutit külmkapis jahtuda.
e) Samal ajal vahustage suures kausis suhkur, pirukatäidise parandaja ja kaneel. Märkus: kui kasutate paksendajana universaalset jahu, lisage ¼ tassi suhkrut; kõrvale panema. Viska peale nektariinid ja ploomid. Piserdage sidrunimahlaga, segage õrnalt; kõrvale panema.

f) Kuumuta ahi temperatuurini 425 °F ja vooderda suur küpsetusplaat küpsetuspaberi või räni küpsetusmatiga; kõrvale panema.

g) Kui tainas on jahtunud, puista puhas ja kuiv pind kergelt jahuga. Rulli tainas umbes ⅛ tolli paksuseks 12 × 8-tolliseks ristkülikuks. Kasutage ülejäänud sissekannet, et täita lahtirullitud taignas kõik tühimikud või rebendid. Tõsta taignaleht suure pingikaabitsa abil ettevalmistatud küpsetusplaadile.

h) Rulli servad õrnalt sissepoole ja suruge taigna õmblus kergelt kokku, et tekiks piir.

i) Haara samast viljast umbes ühesuurused viilud ja hakka vilja lamama alustades keskelt ja liikuma piiride poole. Puuvilju ääristele kõige lähemale asetades kasutage tühimike täitmiseks väiksemaid viile. Värvide ja nurkade vaheldumine viljade munemisel loob dünaamilisema esteetika.

j) Puista täidisele 2 spl kuubikvõid. Pintselda taigna äär veega üle ja puista peale 1 spl suhkrut. Puista galette peale ülejäänud pistaatsiapähklid .

k) Küpseta 30–40 minutit või kuni koorik on kuldpruun ja puuviljad pehmed. Enne serveerimist lase galettil 1 tund restil jahtuda. NAUDI!

43.Vaarika- ja lagritsamoos ning sarapuupähkligalett

KOOSTISOSAD:

- ¾ tassi tooreid sarapuupähkleid, nahk peal
- ¾ teelusikatäit soola
- 1¼ tassi tavalist jahu, pluss veel tööpinna jaoks
- ½ tassi (1 pulk) jahutatud soolamata võid, lõigatud 1,5 cm tükkideks
- ¼ tassi suhkrut
- 2 suurt munakollast
- 1 tass vaarika- ja lagritsamoos
- 1 tl peeneks riivitud laimikoort
- 1 spl värsket laimimahla
- 1 suur muna, klopitakse lahti
- 2 spl toorsuhkrut
- Sarapuupähkli- või vaniljejäätis (serveerimiseks; valikuline)

JUHISED:

a) Kuumuta ahi 190°C-ni.

b) Töötle sarapuupähkleid, soola ja 1¼ tassi jahu köögikombainis, kuni pähklid on väga peeneks jahvatatud; tõsta keskmisesse kaussi ja tõsta kõrvale.

c) Töötle või ja suhkur köögikombainis ühtlaseks massiks. Lisa munakollased ja pulber, et segada. Lisage reserveeritud sarapuupähklisegu ja pulseerige, kuni see on segunenud. Koguge palliks, lapitage kettaks ja mähkige kilesse. Jahuta vähemalt 2 tundi.

d) Sega väikeses kausis segamiseks vaarika- ja lagritsamoos, laimikoor ja laimimahl; kõrvale panema.

e) Rulli tainas jahusel küpsetuspaberil 35 cm läbimõõduga umbes 3 mm paksuseks ringiks, puista tainas vajadusel jahuga, et vältida kleepumist. Määri moosisegu taignale, jättes 4cm äärise. Pintselda lahtiklopitud munaga taigna servale. Kasutades abivahendina küpsetuspaberit, keera taigna äär moosi peale, näpista kokku kõik taignapraod. Libista küpsetuspaber galetiga ahjupannile . Määri taigna pealt lahtiklopitud munaga; puista üle toorsuhkruga.

f) Küpseta galette 30–40 minutit, keerates poole peal, kuni koor on sügav kuldpruun.

g) Laske torti ja paberi vahele suure spaatli või noaga, et vabastada tort võimalikust mullitavast moosist. Lase restil pannil täielikult jahtuda.

h) Lõika viiludeks ja serveeri soovi korral jäätisega.

44.Mandli ja soolase juustu galette

KOOSTISOSAD:
TÄIDISEKS:
- 1 nael Roquefort või Camembert, pehmendatakse ja koor visatakse ära
- ¼ tassi rasket koort
- ¼ tassi kuiva valget veini
- 1 suur munakollane
- 2 spl universaalset jahu
- Sool ja pipar maitse järgi
TAIGNA JAOKS:
- 3 tassi universaalset jahu
- 2 spl suhkrut
- ¼ teelusikatäit soola
- 1½ pulka külma soolamata võid, lõigatud tükkideks (¾ tassi)
- 2 suurt muna, kergelt lahti klopitud
- ¼ tassi viilutatud mandleid, eelistatavalt blanšeeritud, kergelt röstitud
- Munapesu, mis on valmistatud 1 suure munakollase 1 sl veega vahustamisest
- Lisandiks punased viinamarjad

JUHISED:
TEE TÄIDIS:
a) Blenderda köögikombainis Roquefort (või Camembert), lõika tükkideks, koor, vein, munakollane, jahu, sool ja pipar, kuni täidis on ühtlane.
TEE tainas:
b) Sega kausis jahu, suhkur ja sool.
c) Lisage või ja segage segu, kuni see meenutab jämedat jahu.
d) Sega juurde lahtiklopitud munad.
e) Sõtku tainast kergelt jahusel pinnal mitu sekundit, kuni see on segunenud.
f) Jagage tainas pooleks, vormige mõlemad pooled palliks ja jahutage kilesse pakitud tainas 1 tund.
GALETTE KOKKUVÕTE:
g) Rulli iga taignapall kergelt jahusel pinnal 10-tolliseks ringiks.

h) Suruge üks taignaring võiga määritud 9-tollise ümmarguse koogivormi põhja ja ¾ tolli ülespoole.

i) Määri täidis kitsa metalllabidaga ühtlaselt taignapõhjale.

j) Puista täidis röstitud viilutatud mandlitega.

k) Murra spaatli otsaga taigna serv täidise peale.

l) Aseta ülejäänud tainas täidise peale ringi ja suru ülemise ringi serv alumise ringi ja panni külje vahele, sulge täidis ja sule galette .

m) Viige ülaosa kahvliga rombikujuliseks, pintselda tainas munapesuga ja jahuta galette vähemalt 30 minutit ja kuni 8 tundi.

n) Kuumuta ahi 400 °F-ni.

o) Küpseta galette eelkuumutatud ahju keskosas 50–55 minutit või kuni see on kuldpruun.

p) Lase pannil restil 10 minutit jahtuda.

q) galette serva , keerake see ettevaatlikult taldrikule ja pöörake restile.

r) Lase galettil täielikult jahtuda ja serveeri õhukesteks viiludeks lõigatud koos viinamarjadega.

45.Virsiku- ja murakagalett mandlitega

KOOSTISOSAD:

TAIGAS

- 1⅓ tassi universaalset jahu
- 1 spl suhkrut
- ½ tl peent meresoola
- 1 suur muna
- Raske koor, vastavalt vajadusele
- 2 tl sidrunimahla
- ½ tl riivitud sidrunikoort
- 1 pulk soolamata võid, lõigatud suurteks tükkideks

TÄITMINE

- 2 tassi viilutatud virsikuid (kooritud või mitte, vastavalt soovile)
- 1 tass murakad
- ½ tassi helepruuni suhkrut
- 3½ supilusikatäit maisitärklist
- 1 näputäis soola
- ½ sidrunit, koor ja mahl
- ¼ teelusikatäit mandli ekstrakti (valikuline)
- ¼ tassi viilutatud mandleid
- 1 spl granuleeritud suhkrut

JUHISED:

KOORIKU KOHTA:

a) Terasest tera või suure kausiga köögikombainis pulseerige või segage omavahel jahu, suhkur ja sool. Kloppige muna mõõtetopsis kergelt lahti, seejärel lisage nii palju koort, et saada ⅓ tassi. Vahusta muna ja koor kergelt kokku.

b) Lisage jahusegule või ja pulseerige või purustamiseks kondiitrilõikurit või sõrmi. Kui kasutad köögikombaini, ära töötle üle; vajad kikerhernesuurused võitükid.

c) Nirista munasegu (kuni ¼ tassi) taignale ja pulsi või sega, kuni see hakkab lihtsalt kokku tulema, kuid on siiski enamasti suur puru.

d) Sega hulka sidrunimahl ja koor.

e) Tõsta tainas kergelt jahuga ülepuistatud lauale ja patsuta kokku, et saada ühtlane tükk. Tasandage kettaks, mähkige kilesse ja jahutage 2 tundi või kuni 3 päeva.

f) Kuumuta ahi temperatuurini 400 ° F. Rulli tainas 12-tolliseks ringiks (see võib olla räbal).

g) Tõsta küpsetuspaberiga kaetud ääristatud ahjuplaadile ja jahuta täidise valmistamise ajaks.

TÄIDISEKS:

h) Sega suures kausis kokku virsikud ja murakad, helepruun suhkur, maisitärklis, näputäis soola, sidrunimahl ja -koor ning mandliekstrakt.

KOOSTAMA:

i) Kuhjake puuviljasegu taignaringile, jättes 1½-tollise äärise.

j) Voldi küpsetis õrnalt puuvilja peale, voldige see kinni (lohakas on hea).

k) Pintselda tainast ohtralt ülejäänud muna-koore seguga. Puista peale mandleid ja granuleeritud suhkrut.

l) Küpseta 35-45 minutit, kuni täidis hakkab jõudsalt mullitama ja koorik on kuldne.

m) Jahuta restil vähemalt 20 minutit. Serveeri soojalt või toatemperatuuril.

46.Jõhvika pähkel Galette

KOOSTISOSAD:
- 1 ühe koorega pirukatainas

JÕHVIKA PÄHKLIK TÄIDIS
- 2 tassi terveid jõhvikaid
- ⅔ tassi suhkrut
- 1 ¼ tl maisitärklist
- näputäis muskaatpähklit
- näputäis soola
- ¼ tl riivitud värsket apelsinikoort või ½ supilusikatäit apelsinilikööri
- ¼ tassi hakitud kreeka pähkleid

MUNAPESU
- 1 muna
- 1 spl vett
- ¼ teelusikatäit kaneeli

JUHISED:

a) Pane 1½ tassi jõhvikaid köögikombaini ja pulbi, kuni need on jämedalt hakitud. Sega keskmises kausis tükeldatud ja terved jõhvikad ülejäänud täidise koostisosadega.

b) Jagage kondiitrikoor neljaks võrdseks osaks. Rullige iga osa umbes ¼ tolli paksuseks ringiks. Asetage ringid küpsetuspaberiga kaetud ahjuplaadile. Pintselda välimised ääred munapesuga. Munapesu tegemiseks klopi kokku terve muna ja 1 spl vett.

c) Keskele kuhjake täidis, jättes servade ümber 1½ tolli.

d) Voldi servad üles ja näpista kokku, et saada kausitaoline küpsetis. (Mina panin täidise tahke osa, siis voltisin ääred üles ja siis niristasin keskele vedelikku). Pintselda pealt munapesuga ja puista peale suhkur.

e) Külmutage 1 tund või kuni küpsetamiseks valmis.

f) Küpseta 10 minutit temperatuuril 425 °F ja seejärel 10 minutit temperatuuril 375 °F (või kuni see on väljast kuldne).

47.Šokolaadi-pekanipähkli galette

KOOSTISOSAD:

- 1 pirukakoor isetehtud või poest ostetud
- 2 spl võid
- ⅓ tassi tumepruuni suhkrut
- ½ tl õunasiidri äädikat
- ¼ tassi vahtrasiirupit
- 1 suur muna
- 3 supilusikatäit Hollandi protsessikakaod
- 1 tass pekanipähklit
- ½ tassi šokolaaditükke
- Näputäis meresoola

JUHISED:
RÖSTI PEKANIpähklid:

a) Kuumuta ahi 350 F-ni ja laota pekanipähklid küpsetusplaadile. Kui need on toored, röstige neid 10 minutit. Kui need on juba röstitud, röstige neid viieks.

b) Enne täidisesse minekut veenduge, et need on jahtunud.

TEE TÄIDIS:

c) Vahusta suhkur, siirup, sulatatud või ja kakao potis keskmisel kuumusel ühtlaseks massiks .

d) Kui see on jahtunud, segage muna, seejärel äädikas, šokolaaditükid ja pekanipähklid.

GALETTE KOKKUVÕTE:

e) Kuumuta ahi temperatuurini 400 F. Vooderda küpsiseplaat küpsetuspaberiga.

f) Rulli tainast kergelt jahusel tööpinnal lahti, kuni saad umbes 14-15 tolli (läbimõõduga) ringi. Kühveldage täidis keskele ja ajage see laiali, jättes kahetollise äärise.

g) Voldi koorik täidise peale. Ärge muretsege, kui see ei näe täiuslik välja, kuid veenduge, et see oleks tihedalt suletud, et täidis ei saaks välja imbuda. Pintselda pealt munapesuga ja puista peale suhkur. Küpseta seda 30 minutit.

h) Serveeri soojalt, jäätisega.

48.Glasuuritud virsiku galette India pähkli kreemiga

KOOSTISOSAD:

- 1 tass pleegitamata pehmet nisujahu
- 1 tass pehmet täistera nisujahu
- ¼ teelusikatäit meresoola
- 1 tl pleegitamata roosuhkrut
- 2 muna
- ½ tassi margariini

TÄITMINE

- 6 orgaanilist virsikut
- 2 spl vahtrasiirupit
- ¼ tl puhast vaniljeekstrakti
- seesamiseemned (valikuline)

KREEM

- ½ tassi tooreid india pähkleid, mis on leotatud 1-2 tundi
- ½ sidruni mahl
- ¼ tassi filtreeritud vett
- 2 spl vahtrasiirupit
- näputäis meresoola

JUHISED:

a) Sega keskmises segamiskausis jahu, sool, suhkur, munad ja margariin, kuni sellest saab taignapall. Kasutage oma (puhtaid) käsi ⬚ Kui on liiga märg, lisa veel veidi jahu, kui on liiga kuiv, võid lisada veidi vett.

b) Hoia tainast kausis, kata kinni ja pane täidise valmistamise ajaks 15 minutiks külmkappi jahtuma.

c) Koori ja viiluta kõik virsikud, pane kaussi ning nirista peale vahtrasiirup ja vanill. Sega korralikult läbi, et kõik oleks kaetud.

d) Tõsta tainas puhtale töölauale või mõnele muule puhtale suurele pinnale, asetage sellele jahu, et see ei kleepuks, ja suruge tainas rulli või pudeliga, kuni see on võimalikult õhuke. See ei pea olema üliõhuke ja täiuslikkus pole siin vajalik.

e) Püüdke hoida suhteliselt ümmargune, asetage see küpsetuspaberiga keeksiplaadile, seejärel valage virsiku segu keskele ja keerake taigna servad ümber.

f) Kasutage taigna servade katmiseks osa virsiku- ja vahtrasiirupimahlast.

g) Küpseta 425F ahjus umbes 25–30 minutit, olenevalt sellest, kui suur on teie pirukas ja kui paks on teie tainas.

h) India pähkli kreemi valmistamiseks pange lihtsalt kõik koostisosad võimsasse blenderisse ja segage, kuni see on täiesti ühtlane.

i) Serveeri pirukat soojalt või külmalt, peale niristatud india pähklikreemi.

KOOSTISOSAD:

PISTAATSIAPIRKAKOOR

- 1 tass külma soolata võid (2 pulka)
- 2 ½ tassi universaalset jahu
- 2 supilusikatäit granuleeritud suhkrut
- 2 tl soola
- ¼ tassi jääkülma viina
- 2-4 sl jääkülma vett
- ½ tassi peeneks hakitud pistaatsiapähkleid (soolamata)

RABARBERROOSID

- 3 vart rabarberit
- 1 ½ tassi suhkrut
- 1 ½ tassi vett
- 3-5 tilka roosiekstrakti

MAASIKATÄIDIS

- 1 pint värskeid maasikaid (viilutatud)
- 1 sidruni koor ja mahl
- ½ tassi suhkrut
- 1 spl tapiokitärklist

MUNAPESU

- 1 muna
- 2-3 spl vahusuhkrut (või toorsuhkrut)
- Küpsetusrežiim Vältige ekraani pimedaks minemist

JUHISED:

PISTAATSIAPIRKAKOOR

a) Puista pistaatsiapähklid köögikombainis umbes 1 supilusikatäie jahuga, kuni need on peeneks hakitud . Tõsta kaussi ja tõsta kõrvale.

b) Lõika või ¼–½" kuubikuteks ja pane mõneks minutiks uuesti külmkappi või sügavkülma tahkuma.

c) Asetage jahu, suhkur ja sool kõrgete külgedega kaussi ja vahustage.

d) Kui sul on köögikombain, võid sellega pirukataigna segada.

e) Aseta jahusegu ja kuubikvõi köögikombaini. Pulseerige õrnalt, kuni jahu muutub siidisest jahuseks; selleks peaks kuluma vaid käputäis kaunvilju, nii et jälgige seda hoolikalt.
f) Pulseerides valage viin ettevaatlikult läbi toitetoru, kuni see on segunenud. Siinkohal meeldib mulle murenenud tainas suurde segamisnõusse keerata, et kontrollida taigna hüdratatsioonitaset, kogudes väikese rusikatäie; kui see koos püsib, on valmis. Kui see on kuiv või murenev, lisage aeglaselt ülejäänud vesi, 1 supilusikatäis korraga. Katsetage tainast aeg-ajalt näpistades.
g) Kui tainas hakkab kokku kleepuma, murdke tükeldatud pistaatsiapähklid, kuni need on täielikult segunenud.
h) galettide jaoks vormige tainas neljaks kettaks või suuremate 10-tolliste galettide jaoks kaheks kettaks ja mähkige need ükshaaval kilesse.
i) Enne rullimist ja vormimist jahuta vähemalt 1 tund.

RABARBERROOSID

j) Viilutage rabarberivarred väikese koorimisnoaga ettevaatlikult pikisuunas õhukesteks, umbes ⅛ tolli paksusteks paeladeks.
k) Lisa vesi ja suhkur laiapõhjalisse potti ning lase keskmise-madala peaga podiseda. Vahusta, kuni suhkur on täielikult lahustunud . Seejärel segage paar tilka roosiekstrakti.
l) Lisa partiidena rabarberipaelad ja hauta keskmisel-madalal kuumusel umbes 45 sekundit, kuni need hakkavad muutuma pehmeks ja painduvaks, kuid enne kui need muutuvad kummiliseks. Tõsta paberrätikutega kaetud ahjuplaadile.
m) Kui paelad on jahtunud, võite hakata roose vormima. Alustuseks hoidke ühte otsa pöidla ja nimetissõrme vahel, seejärel keerake tihedalt ümber nimetissõrme, kuni hakkab moodustuma roosikuju. Kui teil on jäänud umbes ½ tolli paela, tõmmake see õrnalt läbi keskele, et roos vormis hoida. Asetage roosid tagasi vooderdatud ahjuplaadile. Korrake seda kõigi paeltega.

MAASIKATÄIDIS

n) Viiluta maasikad ¼"–½" ringideks ja asetage segamisnõusse.
o) Lisa ühe sidruni koor ja mahl , puista üle suhkruga ja viska katteks. Segage tapiokitärklis ja laske 15 minutit seista .

GALETTE FORMISTAMINE

p) Rulli väiksemad taignakettad 8-tollisteks ringideks või suuremad 12-14-tollisteks umbes ⅛-¼ tolli paksusteks ringideks.

q) Jaotage maasikad õrnalt ühtlaselt kondiitrivormide keskele, jättes väikeste galettide jaoks 2-tollise äärise või suuremate galettide jaoks 3-tollise äärise .

r) Tõstke ja keerake serv ettevaatlikult üles ja üle täidise, lastes tainal voltimise ajal 2-tolliste intervallidega loomulikult voltduda. Ringi tehes peaks see voltima umbes 8 korda.

s) Tõsta paljastunud maasikasegu peale rabarberirooside kimp.

t) Asetage galetid vooderdatud ahjuplaatidele, kahele väikesele galetile / leht või ühele suurele galette / leht.

u) Kuumuta ahi 375°-ni ja jahuta galette 10-15 minutit, kuni ahi eelsoojeneb.

v) Klopi munad väikeses kausis kokku. Pintselda segu kergelt taignale ja puista üle vahusuhkruga.

w) Küpseta 35-40 minutit, pannide pooleldi ümber pöörates. Koor peaks olema sügavkuldpruun ja viljad pehmed.

x) Enne serveerimist lase jahtuda. Puista peale paar tervet pistaatsiapähklit, et lisada värvi ja krõmpsuda. Serveerimiseks lõika viiludeks.

y) galetile väike plekist fooliumist telk ja kata esimesed 25 minutit puuviljase keskosa jaoks (jättes taigna serva paljaks). Küpsetamise viimaseks 10 minutiks eemaldage telgid.

50.Õuna- ja sarapuupähkligalette

KOOSTISOSAD:
- 50g helepruuni pehmet suhkrut, lisaks veel puistamiseks
- ½ sidrunit, koor ja mahl
- 1 spl maisijahu
- 1 spl vahtrasiirup
- 3 Bramley õuna, kooritud, südamik, poolitatud ja õhukesteks viiludeks lõigatud
- 20 g sarapuupähkleid, jämedalt hakitud
- topeltkoor, serveerimiseks

KOndiitri jaoks
- 80 g sarapuupähkleid
- 2 spl tuhksuhkrut
- 125 g speltajahu
- 175 g tavalist jahu, millele lisandub tolmutamiseks
- 150 g külma võid, kuubikutena
- 1 muna, lahtiklopitud

JUHISED:
a) Kõigepealt valmista küpsetis. Vahusta sarapuupähklid ja suhkur köögikombainis peeneks hakitud.

b) Lisa speltajahu ja tavaline jahu, või ja näpuotsaga soola ning kuumuta uuesti, kuni kogu või on segunenud ja segu on liivane.

c) Kui mootor töötab, nirista sisse 1-2 spl külma vett, kuni tainas hakkab moodustuma tükkidena.

d) Suru veidi sõrmede vahel – kui tundub, et hakkab kokku tulema, kalluta segu oma tööpinnale ja sõtku korraks palliks. Vormi kettaks, mähki ja jahuta 30 minutit või üleöö.

e) Kui küpsetis on olnud jahedas kauem kui 30 minutit, laske sellel enne rullimist 20 minutit soojeneda. Sega suures kausis pruun suhkur, sidrunikoor, maisijahu ja vahtrasiirup. Lisa õunad ja klopi hästi läbi. Tõsta taina lahtirullimise ajaks kõrvale.

f) Kuumuta ahi 180C/160C ventilaatori/gaasiga 4. Puhastage küpsetuspaberi leht, mis on piisavalt suur, et vooderdada suur küpsetusplaat jahuga, seejärel rullige tainas pärgamendi peal umbes 30 cm laiuseks ringiks.

g) Saiake praguneb ja hakkab rullimisel pisut murenema, kuid lükake lihtsalt servad kokku tagasi – ärge muretsege, kui see näeb välja maalähedane. Libistage küpsetis pärgamendil küpsetusplaadile. Kuhjake õunaviilud kätega kondiitriringi keskele, laske üleliigsel siirupil kaussi tagasi tilkuda (säilitage siirup hilisemaks kasutamiseks). Kindlasti jätke serva ümber selge 2 cm pikkune piir.

h) Kasutage küpsetuspaberit, et tõsta saia servad üle õunte, jättes suurema osa õuntest paljaks.

i) Suruge kokku kõik serva ümber olevad praod, et saada maalähedane kondiitripiir.

j) Pintselda kondiitri äär lahtiklopitud munaga, raputa peale veidi pruuni suhkrut ja puista peale sarapuupähklid. Küpseta 50-55 minutit kuni kuldpruunini.

k) Vahepeal vala õuntest üle jäänud siirup väikesesse kastrulisse ja mullita paar minutit, kuni see muutub siirupiseks. Kui galette on küpsenud ja veel kuum, pintselda pealt siirupiga.

l) Lase vähemalt 30 minutit jahtuda, seejärel serveeri soojalt koos külma koorega.

ÜRDIGALETID

51.Kuldne tomat ja basiiliku galette

KOOSTISOSAD:

GALETTE TAIgna jaoks:
- 1 ¼ tassi universaalset jahu
- ½ tl soola
- ½ tassi soolata võid, külm ja lõika väikesteks kuubikuteks
- 2 kuni 4 supilusikatäit jäävett

TÄIDISEKS:
- 3 tassi kuldseid kirsstomateid, poolitatud
- 1 tass värskeid basiiliku lehti, hakitud
- 1 tass mozzarella juustu, tükeldatud
- 2 spl oliiviõli
- 2 küüslauguküünt, hakitud
- Sool ja pipar maitse järgi

KOOSTAMISEKS:
- 1 lahtiklopitud muna (munade pesemiseks)
- Riivitud parmesani juust (valikuline, katteks)

JUHISED:

GALETITAIGAS:

a) Sega köögikombainis jahu ja sool. Lisa külm, kuubikuteks lõigatud või ja pulse, kuni segu meenutab jämedat puru.

b) Lisa vähehaaval üks supilusikatäis jäävett ja pulseeri, kuni tainas lihtsalt kokku tuleb. Olge ettevaatlik, et mitte üle töödelda.

c) Tõsta tainas jahusel pinnale, vormi kettaks, mässi kilesse ja pane vähemalt 30 minutiks külmkappi.

TÄITMINE:

d) Kuumuta ahi temperatuurini 375 ° F (190 ° C).

e) Viska kaussi poolitatud kuldsed kirsstomatid hakitud basiiliku, mozzarella, oliiviõli, hakitud küüslaugu, soola ja pipraga. Segage, kuni see on hästi segunenud.

KOOSTAMINE:

f) Rulli jahutatud tainas jahusel pinnal umbes 12-tollise läbimõõduga ringiks.

g) Tõsta lahtirullitud tainas küpsetuspaberiga kaetud ahjuplaadile.

h) Tõsta lusikaga tomati- ja basiilikutäidis taigna keskele, jättes servade ümber umbes 2 tolli tainast.

i) Murra taigna servad täidise peale, moodustades rustikaalse vabakujulise kuju.

j) Pintselda taigna servad lahtiklopitud munaga, et saada kuldne lõpp.

k) Soovi korral puista peale riivitud parmesani juustu.

KÜPSETAMINE:

l) Küpseta eelkuumutatud ahjus 30-35 minutit või kuni koorik on kuldpruun ja tomatid pehmed.

m) Võta ahjust välja ja lase enne viilutamist paar minutit jahtuda.

n) Serveeri soojalt ja naudi maitsvat kuldset tomati- ja basiilikugaletti !

52.Tüümianilõhnaline Apple Galette

KOOSTISOSAD:
KOndiitritainast:
- 1½ tassi universaalset jahu
- ¼ tassi kondiitri suhkrut
- 1 tl soola
- 1½ pulka külma soolamata võid, lõigatud tükkideks (¾ tassi)
- 1 suur munakollane
- 2 spl külma vett

GLAASI KOHTA:
- 4 keskmist Gala või Empire õuna (umbes 2 naela)
- ¼ tassi valget veini
- ⅓ tassi suhkrut
- ½ tassi valget veini
- ½ tassi õunatarretist
- ¼ tassi lahtiselt pakitud värskeid tüümianioksi
- Kaunistuseks: värsked tüümianioksad ja 1 spl värskeid tüümiani lehti

JUHISED:
KOndiitritainast:
a) Sega kausis omavahel jahu, kondiitri suhkur ja sool.
b) Blender kondiitri segisti või sõrmeotste abil võiga, kuni segu meenutab jämedat jahu.
c) Sega väikeses kausis munakollane ja külm vesi.
d) Lisage munakollasegu jahusegule üks supilusikatäis korraga, segades, kuni segu moodustab taigna.
e) Määri tainast tööpinnal mitu korda käe kannaga ettepoole, et jahus tekiks gluteen ja tainaga oleks lihtsam töötada.
f) Kraapige tainas kokku, et moodustada pall ja lamedamaks 1 tolli paksuseks kettaks.
g) Jahutage kilesse pakitud tainast 30 minutit.

GALETTE KOHTA:
h) Poolita õunad ja eemalda südamikud (ära koori) ja lõika risti-rästi ¼-tollisteks viiludeks.
i) Viska suures kausis õunaviilud ettevaatlikult veiniga läbi.
j) Kuumuta ahi 400 °F-ni.

k) Rulli tainas kergelt jahusel pinnal 15-tolliseks ringiks ja tõsta suurele küpsetusplaadile.
l) Voldi serv 1-tolline ümberringi, et moodustada ääris.
m) Laota õunaviilud taignaringile kattuvate kontsentriliste ringidena.
n) Pintselda õunaviilud ja saiaäär kaussi jäänud veiniga ning puista üle suhkruga.
o) Küpseta galette 45 minutit või kuni õunad on pehmed ja saia ääris on kuldne.
p) galette ahjuplaadil restil.

GLAASI KOHTA:
q) väikeses potis veini koos tarretise ja tüümianiga, kuni vedelik on poole võrra vähenenud , umbes 15 minutit.
r) Eemalda tüümian lusikaga ja pintselda kuuma glasuuriga ohtralt õunaviiludele.
s) Kaunista galette tüümianiokste ja -lehtedega.
t) Serveeri ja naudi oma tüümianilõhnalist õunagaletti !

53.Suvikõrvits , estragon ja tüümiangalett

KOOSTISOSAD:
küpsetiste jaoks:
- 350g tavalist jahu, millele lisandub tolmutamiseks
- ½ tl tuhksuhkrut
- 250g külma või, kuubikuteks lõigatud

TÄIDISEKS:
- 4 suurt punast sibulat, viilutatud 2-3 mm paksusteks ringideks
- 1 spl oliiviõli
- 1 tl tüümiani lehti, lisaks veel puistamiseks
- 10 g estragoni, lehed korjatud ja jämedalt tükeldatud
- 3 keskmist kabatšokki , viilutatud 3 mm paksusteks ringideks
- 1 muna, lahtiklopitud

JUHISED:

a) Taigna valmistamiseks sõelu jahu kaussi ning sega hulka näpuotsatäis soola ja suhkrut. Hõõruge võid sõrmeotstega jahu hulka, kuni segu meenutab jämedat riivsaia.

b) Segage söögiriistade noaga nii palju külma vett, et küpsetis saaks taignaks (kasutada võib kuni 5-6 supilusikatäit). Vormi tainas palliks ja lameda kettaks. Mähi ja jahuta külmikus 30 minutit .

c) Täidise jaoks küpseta sibulaid koos õli ja tüümianilehtedega pannil keskmisel kuumusel 20 minutit, kuni sibul on pehmenenud ja läbipaistev, kuid mitte värvunud. Maitsesta, tõsta tulelt ja lase jahtuda.

d) Kuumuta ahi 200C/180C ventilaatori/gaasiga 6. Rulli jahtunud tainas kergelt jahusel pinnal suureks, umbes 3 mm paksuseks ristkülikuks.

e) Tõsta saia ristkülik suurele küpsetusplaadile, aseta keskele lusikaga sibulatäidis ja aja see ühtlaselt laiali, jättes äärtele 5 cm äärise.

f) Puista estragonile, seejärel laota kabatšokiviilud kattuvatele ridadele sibulate peale. Maitsesta kabatšokid ja puista peale veidi tüümiani.

g) Murra saia küljed üle nii, et need kattuks täidise servaga, jättes keskosa paljaks. Suru kondiitrivoldid nurkadest õrnalt alla, et need kinnituksid, seejärel määri küpsetis lahtiklopitud munaga.

h) Küpseta galette 40-50 minutit kuni küpsetis on kuldpruun ning kabatšokid pehmed ja kergelt kuldsed . Lase enne serveerimist mõni minut jahtuda ja taheneda.

54.Rosmariini õuna Galette

KOOSTISOSAD:
- 4-5 keskmise suurusega õuna õhukesteks viiludeks
- ⅓ tassi granuleeritud suhkrut
- 1 spl universaalset jahu
- 1 tl värsket rosmariini, peeneks hakitud
- 1 tl sidrunikoort
- 1 jahutatud pirukakoorik (või omatehtud)

JUHISED:
a) Kuumuta ahi temperatuurini 375 ° F (190 ° C).
b) Sega kausis viilutatud õunad, suhkur, jahu, rosmariin ja sidrunikoor. Sega, kuni õunad on kaetud .
c) Rulli pirukakoor lahti ja aseta küpsetusplaadile.
d) Aseta õunaviilud kooriku keskele , jättes servade ümber äärise.
e) Voldi kooriku servad õunte peale, luues maalähedase galette kuju.
f) Küpseta 30-35 minutit või kuni koorik on kuldpruun ja õunad pehmed.
g) lase galetil veidi jahtuda.

55.Pirn Salvei Galette

KOOSTISOSAD:
KOORIK:
- 1 ½ tassi universaalset jahu
- 2 supilusikatäit granuleeritud suhkrut
- 1 tl küpsetuspulbrit
- ⅛ teelusikatäis soola
- 3 spl apelsinimaitselist oliiviõli
- 3 spl teravat oliiviõli
- 4 ½ supilusikatäit / 67 ml külma vett

TÄITMINE:
- 4/700 g Bosc pirnid
- 2 spl / 30 ml sidrunimahla
- 3 spl/38g fariinsuhkrut
- 2 spl/15g universaalset jahu
- 2 salvei lehte

GLASE:
- 1 munavalge
- 1 spl / 15 ml vett
- 1 spl/13g granuleeritud suhkrut

JUHISED:
TEE KOORIK
a) Sega jahu, suhkur, küpsetuspulber ja sool. Lõika kahe noaga (kasuta ristinurka) või kondiitriblenderiga oliiviõlidesse.

b) Kui oliiviõli on hernesuuruste tükkidena, lisa vesi ja lõika samamoodi sisse, kuni küpsetis on pulstunud mass. Kui küpsetis ei tule kokku, võite lisada vett ½ supilusikatäit korraga.

c) Vormi tainas käte abil üheks ühtseks massiks. Kata kilega ja pane vähemalt 1 tunniks külmkappi.

VALMISTA TÄIDIS
d) Viiluta pirnid pikisuunas ⅛" paksusteks tükkideks (jätke koor peale).

e) Haki 2 salveilehte.

f) Sega pirnid hakitud salvei, sidrunimahla, pruuni suhkru ja jahuga.

g) Kõrvale panema.

h) Kuumuta ahi 350 F-ni.

i) Rulli tainas kahe kergelt jahuga ülepuistatud pärgamendilehe vahel 14–16" ¼" paksuseks ringiks. Kasutage taldrikut täiusliku ringi jälgimiseks või jätke servad maalähedase ilme saamiseks.

j) Eemaldage pärgamendi pealmine kiht. Aseta rullitud tainas küpsetuspaberiga kaetud ahjuplaadile, jättes alumine pärgamendikiht selliseks, nagu see on. See on ok, kui taina servad on sel hetkel üle lehe külje.

k) Kuhjake või asetage pirnisegu ettevaatlikult 10" või 11" taina keskele. Tasandage kogu ulatuses umbes sama paksuseks. Kasutades kergitamiseks pärgamenti, voldi saia servad pirnide peale, et moodustada kuus külge (tõmba pärgament pärast seda tasaseks).

l) Vajutage kattuvaid kohti, et need kokku kleepida.

m) Jäta see samm vahele, kui teete veganit. Vahusta munavalge veega. Pintselda kergelt kogu paljastatud saiale. Puista peale peen kiht granuleeritud suhkrut.

n) Küpseta 40-50 minutit, kuni küpsetis on kuldpruun ja täidis mullitab. Enne serveerimist lase vähemalt 20 minutit jahtuda.

o) Suurepärane crème fraiche'i või vahukoorega.

56.Hernes, Ricotta ja Dill Galette

KOOSTISOSAD:

PARMESANITAINA JAOKS:
- 1 ¼ tassi universaalset jahu
- ½ tassi soolata võid, külm ja lõika väikesteks kuubikuteks
- ¼ tassi riivitud parmesani juustu
- ¼ teelusikatäit soola
- 2 kuni 4 supilusikatäit jäävett

TÄIDISEKS:
- 2 tassi värskeid või külmutatud herneid, sulatatud
- 1 tass ricotta juustu
- ¼ tassi riivitud parmesani juustu
- 2 spl värsket tilli, hakitud
- Ühe sidruni koor
- Sool ja pipar maitse järgi

KOOSTAMISEKS:
- 1 lahtiklopitud muna (munade pesemiseks)
- Ekstra parmesani juust puistamiseks (valikuline)

JUHISED:

PARMESANI saia:
a) Sega köögikombainis omavahel jahu, riivitud parmesan ja sool. Lisa külm, kuubikuteks lõigatud või ja pulse, kuni segu meenutab jämedat puru.
b) Lisa vähehaaval üks supilusikatäis jäävett ja pulseeri, kuni tainas lihtsalt kokku tuleb. Olge ettevaatlik, et mitte üle töödelda.
c) Tõsta tainas jahusel pinnale, vormi kettaks, mässi kilesse ja pane vähemalt 30 minutiks külmkappi.

TÄITMINE:
d) Kuumuta ahi temperatuurini 375 ° F (190 ° C).
e) Sega kausis herned, ricotta juust, riivitud parmesan, hakitud till, sidrunikoor, sool ja pipar.

KOOSTAMINE:
f) Rulli jahutatud parmesani tainas jahusel pinnal umbes 12-tollise läbimõõduga ringiks.
g) Tõsta lahtirullitud tainas küpsetuspaberiga kaetud ahjuplaadile.

h) Tõsta lusikaga herne- ja ricottatäidis taigna keskele, jättes servade ümber umbes 2 tolli tainast.

i) Murra taigna servad täidise peale, moodustades rustikaalse vabakujulise kuju.

j) Pintselda taigna servad lahtiklopitud munaga, et saada kuldne lõpp. Soovi korral puista peale veel parmesani juustu.

KÜPSETAMINE:

k) Küpseta eelkuumutatud ahjus 30-35 minutit või kuni koorik on kuldpruun ja täidis on tahenenud.

l) Võta ahjust välja ja lase enne viilutamist paar minutit jahtuda.

m) Serveeri soojalt ja naudi herne-, ricotta- ja tilligalette koos parmesani saiaga!

57.Spargel ja murulauk Galette

KOOSTISOSAD:
KOORIKU KOHTA:
- 1 ½ tassi (180 g) King Arthuri pleegitamata universaaljahu
- ½ tl lauasoola
- 2 untsi (57 g) toorjuustu, külm
- 4 spl (57g) soolata võid, külm
- 4–6 supilusikatäit (57–85 g) külma vett

TÄIDISEKS:
- 1 keskmine hunnik sparglit
- 2 kuni 3 supilusikatäit (25 g kuni 35 g) oliiviõli
- ¾ tassi (170 g) ricotta juustu
- 1 suur muna
- ½ tassi (57 g) riivitud Parmesani juustu, jagatud
- ¼ tassi (11 g) hakitud värsket murulauku
- 1 tl sidrunikoort (riivitud koor)

MUNAPESU KOHTA:
- 1 suur muna, 1 sl veega lahtiklopitud

JUHISED:
TEE KOORIK:
a) Klopi omavahel jahu ja sool.
b) Töötle külma toorjuustu ja võiga, kuni segu on murene.
c) Nirista sisse 4 supilusikatäit külma vett, viska ühtlaseks niisutamiseks. Vajadusel lisa ülejäänud vesi, et saada ühtlane tainas.
d) Patsutage tainas ¾" paksuseks kettaks, keerake see kokku ja asetage 30 minutiks külmkappi.

TEE TÄIDIS:
e) Kuumuta ahi temperatuurini 425 ° F.
f) Eemaldage sparglivarte põhjast puitunud varred ja viska ogad oliiviõliga katteks.
g) Laota spargel ühe kihina küpsetuspaberiga kaetud ahjuplaadile ja rösti 10–15 minutit, kuni see on kergelt pruunistunud. Eemaldage ja jahutage toatemperatuurini. Lõika spargel 1 ½ tolli tükkideks.
h) Sega keskmises kausis ricotta, muna, pool parmesanist, murulauk ja sidrunikoor.

GALETTE KOKKUVÕTE:

i) Rulli jahutatud tainas kergelt jahusel pinnal 14-tolliseks ringiks ja tõsta pärgamendiga kaetud ahjuplaadile.

j) Jaotage ricotta segu ühtlaselt taignale, jättes 2 tolli laiuse riba ümber välisserva katmata.

k) Laota röstitud sparglitükid täidise peale.

l) Voldi taigna paljad servad keskkoha poole, voldista vastavalt vajadusele.

m) Pintselda paljas tainas munapesuga ja puista ülejäänud parmesan üle kogu galette .

KÜPSETA:

n) Küpseta eelkuumutatud 425°F ahjus 25–30 minutit, kuni koorik on kuldpruun ja täidis mullitav.

o) Eemaldage ahjust ja laske sellel enne soojalt serveerimist 10 minutit jahtuda või jahutage ja serveerige toatemperatuuril.

p) Hoidke galette kaetult ja külmkapis kuni 1 nädal.

58.Tomat, juust ja pune galette

KOOSTISOSAD:

- 1 x 320g valmis rullitud lehttainast
- 3 supilusikatäit tomatimaitset või chutneyt
- 5 kuni 6 tomatit (õhukeseks viilutatud)
- 1 spl kapparid
- 1 spl värskelt hakitud pune + lisa kaunistuseks
- 50 g peeneks riivitud cheddari juustu
- Sool ja pipar maitse järgi
- Piim, glasuurimiseks

JUHISED:

a) Eelsoojenda ahi temperatuurini 200C/400F/gaas 6. Vooderdage ja/või määrige suur pitsaplaat või küpsetusplaat.

b) Lõika valmis rullitud tainas suureks ümmarguseks, et see mahuks alusele, kui see on ruudu- või ristkülikukujuline. Laota see küpsetuspaberi peale. Määri maius või chutney saiale, peaaegu kondiitriringi servani.

c) Laota peale viilutatud tomatid, seejärel puista peale kapparid, tükeldatud pune ja riivjuust. Maitsesta maitse järgi soola ja musta pipraga.

d) Tõstke saiaringi servad üles ja tehke täidise ümber koorik, vaadake fotosid, nii on tort või galette nagu lahtise küljega tort. Pintselda saiale piimaga glasuurimiseks.

e) Küpseta 25–30 minutit või kuni küpsetis on küpsenud ja paisunud , juust sulanud ning tomatid küpsed ja peaaegu karamelliseerunud.

f) Serveeri kohe, viiludeks lõigatuna, peale puistatuna värsket pune, segasalati ja/või hooajaliste köögiviljadega.

KOOSTISOSAD:

Tainas:
- 2 tassi mandlijahu
- ⅔ tassi tapiokijahu/tärklist
- ½ tl soola
- 2 spl värsket rosmariini - hakitud
- 8 spl külma võid
- 1 muna

GALETTE:
- 4-6 keskmist porgandit
- ½ tl soola
- 1 spl oliiviõli
- 1 spl seesamiõli
- 8 untsi pehmendatud toorjuustu
- 4 sibulat - hakitud
- munapesu - 1 muna + veeprits
- ¼ tassi röstitud seesamiseemneid
- ½ tl helbesoola

JUHISED:
a) Sega suures segamiskausis mandlijahu, tapiokitärklis, sool ja hakitud rosmariin.
b) Vahusta ühtlaseks segamiseks . Riivi või lõika külm või väikesteks tükkideks.
c) Lisa mandlijahusegu ja alusta või jahu segamist . Kui tekstuur meenutab märga liiva, lisa muna ja sõtku, kuni saad ühtlase taignapalli.
d) Mähi tainas kilesse ja pane 30 minutiks sügavkülma või külmikusse, kuni see on kasutusvalmis.
e) Taigna jahtumise ajal viiluta porgandid köögiviljakoorijaga pikkadeks ribadeks. Asetage viilutatud porgandid kaussi soola, oliiviõli ja seesamiõliga. Viska ühtlaseks katteks ja tõsta kõrvale.
f) Sega pehme toorjuust hakitud talisibulaga ja tõsta kõrvale.
g) Kuumuta ahi 425 kraadini. Vooderda ahjuplaat küpsetuspaberiga.
h) Galette kokkupanemiseks asetage tainas pärgamendiga kaetud ahjuplaadile.

i) Rulli tainas umbes 11-tolliseks ringiks. Määri tainale sibula toorjuust, jättes serva ümber 1-tollise selge piiri.

j) Katke toorjuust porganditega, raputage kindlasti porganditest välja liigne niiskus. Kasutage pärgamenti, et voltida galette taigna servad täidiste peale.

k) Pintselda koor munapesuga ja puista koorikule seesamiseemneid. Küpseta ahju keskmisel siinil 30-35 minutit. Kui porgandipealsed hakkavad kõrbema, asetage viimasteks minutiteks galetti fooliumitükk.

l) Võta galette ahjust ja lase 10-15 minutit jahtuda . Lõpeta peale puista helbesoola ja serveeri soojalt!

60.Blackberry Mint Galette

KOOSTISOSAD:

KOORIKU KOHTA:

- 1 tass universaalset jahu
- 2 spl maisijahu
- 4 spl võid või veganvõid
- 5-6 supilusikatäit jäävett
- 1 sl kookossuhkrut + veel kooriku katteks
- ¼ teelusikatäit soola

TÄIDISEKS:

- 2 tassi värskeid murakaid
- 2 spl värsket piparmünti, peeneks hakitud
- 2 spl kookossuhkrut
- ½ sidruni, mahl
- 1 spl maisitärklist

JUHISED:

VALMISTA KOOR:

a) Sega suures kausis jahu, maisijahu, kookossuhkur ja sool.

b) Lisa 4 supilusikatäit väga külma võid ja lõika kahvli või noaga jahusegusse puruks.

c) Lisa 2 spl kaupa jäävett, sega, kuni tainas hakkab kokku kleepuma.

d) Vormige tainas ringiks või lapikuks, mässige küpsetuspaberisse ja asetage 45 minutiks kuni 1 tunniks külmkappi.

e) Kuumuta oma ahi temperatuurini 325 ° F.

f) Kuni tainas jahtub, sega kausis murakad piparmündi, sidrunimahla, kookossuhkru ja maisitärklisega. Laske sellel 30 minutit seista.

RULI TAIGNAS VÄLJA:

g) Kui tainas on jahtunud , rullige see küpsetuspaberile, vormides sellest umbes ¼ tolli paksuse ringi.

h) Torka tainasse augud ja lusikaga murakasegu keskele.

i) Murrakate katmiseks keerake servad üles, tehes oma kätega voolimist.

j) Määri kooriku äär sulavõi (või veganvõi) ja puista kookospalmisuhkruga.

KÜPSETA:

k) Tõsta galette ja küpsetuspaber küpsetusplaadile ning küpseta 45 minutit või kuni kuldpruunini.

l) Kui see on valmis, lase galettil vähemalt 10 minutit jahtuda.

61.Sidruni-tüümiani ja mustikagalett

KOOSTISOSAD:

- 1 leht poest ostetud lehttaigna, sulatatud
- 2 tassi värskeid mustikaid
- 1 sidruni koor
- 2 spl sidrunimahla
- 1/4 tassi granuleeritud suhkrut
- 1 spl maisitärklist
- 1 spl värskeid tüümiani lehti
- 1 lahtiklopitud muna (munade pesemiseks)
- tuhksuhkur, tolmutamiseks (valikuline)

JUHISED:

a) Kuumuta ahi temperatuurini 375 °F (190 °C) ja vooderda küpsetusplaat küpsetuspaberiga.

b) Sega kausis värsked mustikad, sidrunikoor, sidrunimahl, granuleeritud suhkur, maisitärklis ja värsked tüümianilehed. Viska õrnalt, kuni mustikad on ühtlaselt kaetud .

c) Rulli sulatatud lehttaignaleht kergelt jahusel pinnal umbes 12-tollise läbimõõduga karedaks ringiks.

d) Tõsta lahtirullitud lehttainas ettevalmistatud ahjuplaadile.

e) Tõsta mustikasegu lusikaga lehttaigna keskele, jättes servadele umbes 2-tollise äärise.

f) Murra lehttaigna servad mustikate peale, voldi vastavalt vajadusele, et tekiks rustikaalne galette kuju.

g) Pintselda küpsetise servad lahtiklopitud munaga, et anda sellele küpsetamisel kuldne värv.

h) Küpseta eelkuumutatud ahjus 25-30 minutit või kuni küpsetis on kuldpruun ja mustikad mullitavad.

i) Võta ahjust välja ja lase galettel enne serveerimist veidi jahtuda.

j) Soovi korral puista enne serveerimist üle tuhksuhkruga.

k) Viiluta ja naudi oma imelist sidruni-tüümiani ja mustikagaletti !

62.Basiiliku ja kirsstomati galette

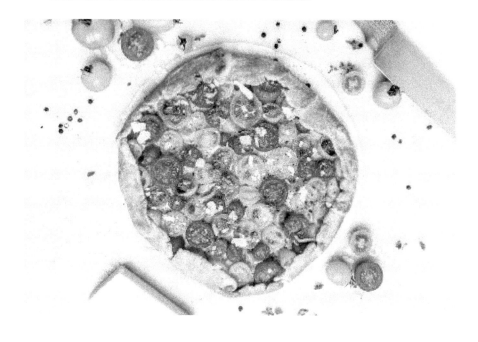

KOOSTISOSAD:

- 1 leht poest ostetud lehttaigna, sulatatud
- 2 tassi kirsstomateid, poolitatud
- 1/4 tassi riivitud parmesani juustu
- 2 spl värskeid basiiliku lehti, hakitud
- 1 spl oliiviõli
- Sool ja pipar maitse järgi
- 1 lahtiklopitud muna (munade pesemiseks)

JUHISED:

a) Kuumuta ahi temperatuurini 375 °F (190 °C) ja vooderda küpsetusplaat küpsetuspaberiga.

b) Viska kausis kirsstomatid riivitud parmesani juustu, hakitud basiilikulehtede, oliiviõli, soola ja pipraga.

c) Rulli lehttaignaleht kergelt jahusel pinnal umbes 12-tollise läbimõõduga krobeliseks ringiks.

d) Tõsta lahtirullitud lehttainas ettevalmistatud ahjuplaadile.

e) Jaotage kirsstomatisegu ühtlaselt lehttaignale, jättes servadele umbes 2-tollise äärise.

f) Murra lehttaigna servad kirsstomatite peale, voldi vastavalt vajadusele, et tekiks rustikaalne galette kuju.

g) Pintselda küpsetise servad lahtiklopitud munaga, et anda sellele küpsetamisel kuldne värv.

h) Küpseta eelkuumutatud ahjus 25-30 minutit või kuni küpsetis on kuldpruun ja kirsstomatid pehmenenud .

i) Võta ahjust välja ja lase enne serveerimist veidi jahtuda.

j) Viiluta ja naudi oma maitsvat basiiliku ja kirsstomati galette !

63.Cilantro Lime Corn Galette

KOOSTISOSAD:

- 1 leht poest ostetud lehttaigna, sulatatud
- 2 tassi värskeid või külmutatud maisiterad
- 1 laimi koor
- 2 spl laimimahla
- 1/4 tassi hakitud värsket koriandrit
- 1/4 tassi murendatud cotija juustu (või fetajuustu)
- Sool ja pipar maitse järgi
- 1 lahtiklopitud muna (munade pesemiseks)

JUHISED:

a) Kuumuta ahi temperatuurini 375 °F (190 °C) ja vooderda küpsetusplaat küpsetuspaberiga.

b) Sega kausis maisiterad, laimikoor, laimimahl , hakitud koriander, murendatud kodujuust , sool ja pipar.

c) Rulli lehttaignaleht kergelt jahusel pinnal umbes 12-tollise läbimõõduga krobeliseks ringiks.

d) Tõsta lahtirullitud lehttainas ettevalmistatud ahjuplaadile.

e) Määri maisisegu ühtlaselt lehttaignale, jättes servadele umbes 2-tollise äärise.

f) Voldi lehttaigna servad maisisegu peale, voldi vastavalt vajadusele, et tekiks rustikaalne galette kuju.

g) Pintselda küpsetise servad lahtiklopitud munaga, et anda sellele küpsetamisel kuldne värv.

h) Küpseta eelkuumutatud ahjus 25-30 minutit või kuni küpsetis on kuldpruun ja mais on läbi kuumenenud.

i) Võta ahjust välja ja lase enne serveerimist veidi jahtuda.

j) Tükeldage ja nautige oma maitsvat Cilantro Lime Corn Galette'i !

64.Salvei ja pähklikõrvitsa galette

KOOSTISOSAD:
- 1 leht poest ostetud lehttaigna, sulatatud
- 2 tassi kuubikuteks lõigatud suvikõrvitsat
- 2 spl oliiviõli
- 1 spl hakitud värskeid salveilehti
- 1/4 tassi riivitud parmesani juustu
- Sool ja pipar maitse järgi
- 1 lahtiklopitud muna (munade pesemiseks)

JUHISED:
a) Kuumuta ahi temperatuurini 375 °F (190 °C) ja vooderda küpsetusplaat küpsetuspaberiga.
b) Viska kausis kuubikuteks lõigatud kõrvits oliiviõli, hakitud salveilehtede, riivitud parmesani, soola ja pipraga.
c) Jaotage kõrvitsa segu ühtlaselt lehttaignale, jättes servadele umbes 2-tollise äärise.
d) Rulli lehttaignaleht kergelt jahusel pinnal umbes 12-tollise läbimõõduga krobeliseks ringiks.
e) Tõsta lahtirullitud lehttainas ettevalmistatud ahjuplaadile.
f) Murra lehttaigna servad kõrvitsa segu peale, voldi vastavalt vajadusele, et tekiks maalähedane galette kuju.
g) Pintselda küpsetise servad lahtiklopitud munaga, et anda sellele küpsetamisel kuldne värv.
h) Küpseta eelkuumutatud ahjus 25-30 minutit või kuni küpsetis on kuldpruun ja kõrvits pehme.
i) Võta ahjust välja ja lase enne serveerimist veidi jahtuda.
j) Viiluta ja naudi soolast salvei- ja pähklikõrvitsagaletti !

65.Vermitud hernes ja fetagalette

KOOSTISOSAD:

- 1 leht poest ostetud lehttaigna, sulatatud
- 2 tassi värskeid või külmutatud herneid
- 1/4 tassi murendatud fetajuustu
- 2 spl hakitud värskeid piparmündi lehti
- 1 sidruni koor
- Sool ja pipar maitse järgi
- 1 lahtiklopitud muna (munade pesemiseks)

JUHISED:

a) Kuumuta ahi temperatuurini 375 °F (190 °C) ja vooderda küpsetusplaat küpsetuspaberiga.

b) Sega kausis herned, murendatud fetajuust, hakitud piparmündilehed, sidrunikoor, sool ja pipar.

c) Rulli lehttaignaleht kergelt jahusel pinnal umbes 12-tollise läbimõõduga krobeliseks ringiks.

d) Tõsta lahtirullitud lehttainas ettevalmistatud ahjuplaadile.

e) Määri hernesegu ühtlaselt lehttaignale, jättes servadele umbes 2-tollise äärise.

f) Murra lehttaigna servad hernesegule, voldi vastavalt vajadusele, et tekiks rustikaalne galette kuju.

g) Pintselda küpsetise servad lahtiklopitud munaga, et anda sellele küpsetamisel kuldne värv.

h) Küpseta eelkuumutatud ahjus 25-30 minutit või kuni küpsetis on kuldpruun ja herned pehmed.

i) Võta ahjust välja ja lase enne serveerimist veidi jahtuda.

j) Tükeldage ja nautige värskendavat vermitud herne- ja fetagaletti !

66.Sidruni rosmariini kartuligalett

KOOSTISOSAD:
- 1 leht poest ostetud lehttaigna, sulatatud
- 2 tassi õhukeseks viilutatud kartulit
- 1 sidruni koor
- 2 spl hakitud värskeid rosmariini lehti
- 1/4 tassi riivitud parmesani juustu
- Sool ja pipar maitse järgi
- 1 lahtiklopitud muna (munade pesemiseks)

JUHISED:
a) Kuumuta ahi temperatuurini 375 °F (190 °C) ja vooderda küpsetusplaat küpsetuspaberiga.
b) Viska kaussi õhukesteks viiludeks lõigatud kartulid sidrunikoore, hakitud rosmariinilehtede, riivitud parmesani, soola ja pipraga.
c) Rulli lehttaignaleht kergelt jahusel pinnal umbes 12-tollise läbimõõduga krobeliseks ringiks.
d) Tõsta lahtirullitud lehttainas ettevalmistatud ahjuplaadile.
e) Jaotage kartulisegu ühtlaselt lehttaignale, jättes servadele umbes 2-tollise äärise.
f) Murra lehttaigna servad kartulisegu peale, voldi vastavalt vajadusele, et tekiks rustikaalne galette kuju.
g) Pintselda küpsetise servad lahtiklopitud munaga, et anda sellele küpsetamisel kuldne värv.
h) Küpseta eelkuumutatud ahjus 25-30 minutit või kuni küpsetis on kuldpruun ja kartulid pehmed.
i) Võta ahjust välja ja lase enne serveerimist veidi jahtuda.
j) Viiluta ja naudi oma aromaatset sidruni-rosmariini kartuligaletti !

KOOSTISOSAD:

- 1 leht poest ostetud lehttaigna, sulatatud
- 4 šalottsibulat, õhukesteks viiludeks
- 2 spl võid
- 1 spl oliiviõli
- 2 spl värskeid tüümiani lehti
- Sool ja pipar maitse järgi
- 1 lahtiklopitud muna (munade pesemiseks)

JUHISED:

a) Kuumuta ahi temperatuurini 375 °F (190 °C) ja vooderda küpsetusplaat küpsetuspaberiga.

b) Kuumuta pannil või ja oliiviõli keskmisel kuumusel. Lisa õhukesteks viiludeks lõigatud šalottsibul ja küpseta aeg-ajalt segades kuni karamelliseerumiseni, umbes 15-20 minutit.

c) Rulli lehttaignaleht kergelt jahusel pinnal umbes 12-tollise läbimõõduga krobeliseks ringiks.

d) Tõsta lahtirullitud lehttainas ettevalmistatud ahjuplaadile.

e) Jaotage karamelliseeritud šalottsibul ühtlaselt lehttaignale, jättes servadele umbes 2-tollise äärise.

f) Puista šalottsibulale värskeid tüümianilehti. Maitsesta soola ja pipraga maitse järgi.

g) Murra lehttaigna servad üle šalottsibulate, voldi vastavalt vajadusele, et tekiks rustikaalne galette kuju.

h) Pintselda küpsetise servad lahtiklopitud munaga, et anda sellele küpsetamisel kuldne värv.

i) Küpseta eelkuumutatud ahjus 25-30 minutit või kuni küpsetis on kuldpruun.

j) Võta ahjust välja ja lase enne serveerimist veidi jahtuda.

KOOSTISOSAD:

- 1 leht poest ostetud lehttaigna, sulatatud
- 1 suur sibul, õhukeselt viilutatud
- 2 spl võid
- 1 spl oliiviõli
- 6 untsi Brie juustu, viilutatud
- 2 spl hakitud värskeid salveilehti
- Sool ja pipar maitse järgi
- 1 lahtiklopitud muna (munade pesemiseks)

JUHISED:

a) Kuumuta ahi temperatuurini 375 °F (190 °C) ja vooderda küpsetusplaat küpsetuspaberiga.

b) Kuumuta pannil või ja oliiviõli keskmisel kuumusel. Lisa õhukeseks viilutatud sibul ja küpseta aeg-ajalt segades, kuni see on karamelliseerunud, umbes 15-20 minutit.

c) Rulli lehttaignaleht kergelt jahusel pinnal umbes 12-tollise läbimõõduga krobeliseks ringiks.

d) Tõsta lahtirullitud lehttainas ettevalmistatud ahjuplaadile.

e) Asetage viilutatud Brie juust lehttaignale, jättes servadele umbes 2-tollise äärise.

f) Laota karamelliseeritud sibul ühtlaselt Brie juustu peale.

g) Puista hakitud salveilehed sibulatele. Maitsesta soola ja pipraga maitse järgi.

h) Murra lehttaigna servad täidise peale, voldi vastavalt vajadusele, et tekiks rustikaalne galette kuju.

i) Pintselda küpsetise servad lahtiklopitud munaga, et anda sellele küpsetamisel kuldne värv.

j) Küpseta eelkuumutatud ahjus 25-30 minutit või kuni küpsetis on kuldpruun.

k) Võta ahjust välja ja lase enne serveerimist veidi jahtuda.

l) Viiluta ja naudi maitsvat brie- ja salveigalette koos karamelliseeritud sibulaga!

Vürtsikad GALETID

69.Chai maitsestatud õunagalett

KOOSTISOSAD:
- 2 tassi + 1 spl tavalist jahu
- 2 spl kookossuhkrut
- ½ tl soola
- ⅔ tassi + 2 spl võid
- ½ tassi jääkülma vett
- ½ tassi mandlijahu

ÕUNATÄIDIS
- 3 Gala õuna
- ¼ tassi kookossuhkrut
- 1 tl jahvatatud kaneeli
- 1 tl jahvatatud ingverit
- ½ tl jahvatatud muskaatpähklit
- ½ tl jahvatatud kardemoni
- 2 spl noolejuurtärklist
- 2 tl apelsini koort
- 2 spl apelsinimahla

JUHISED:

TEE TAIGAST

a) Lisa köögikombaini jahu, suhkur ja sool ning sega läbi.

b) Lisa või, pulbeeri, kuni moodustub väike puru, seejärel lase köögikombaini töötamise ajal vette voolata ja töötle ainult kuni suure palli moodustumiseni.

c) Kraabi tainas välja ja vormi kiiresti väikeseks kettaks.

d) Mässi tihedalt kilesse ja pane 1+ tunniks külmkappi.

VALMISTA TÄIDIS

e) Samal ajal sega kausis kõik täidise koostisosad, välja arvatud mandlijahu, ja tõsta kõrvale.

LOO GALETTE

f) 1 tunni pärast eemaldage tainas külmkapist.

g) Aseta tainas kahe küpsetuspaberi vahele ja rulli ettevaatlikult ristkülikuks.

h) Eemalda ülemine küpsetuspaberi leht ja aseta tainas (ikka alumisel küpsetuspaberitükil) ahjuplaadile.

i)   Määri tainale mandlijahu, jättes 5 cm äärise (see rullitakse koorikuks) ja seejärel vala peale õunasegu.

j)   galette küljed kokku .

k)   Kui olete üle esimese serva voltinud, pöörake galette , tehke teine voltimine ja jätkake, kuni jõuate tagasi sinna, kust alustasite.

l)   Pintselda pealmine koor ekstra sulatatud või ja oliiviõliga või puista üle piimaga mandlihelveste või toorsuhkruga.

m) Nüüd aseta galette (küpsetusplaadile) tagasi külmkappi vähemalt 30 minutiks ja seejärel eelsoojenda ahi.

KÜPSETA

n)   Kuumuta ahi 200C-ni (390F), seejärel lisa galette ahju ja küpseta 10 minutit.

o)   Alandage temperatuuri 175 C-ni (350 F), seejärel küpsetage veel 30–35 minutit .

p)   Serveeri kohe koos jäätisega või lase jahtuda ja lõika viiludeks.

70.Five Spice Peach Galette

KOOSTISOSAD:

- 180 g (6,3 untsi) tavalist (universaalset) jahu, millele lisandub veel tolmu eemaldamine
- 160 g (5,6 untsi) soolamata või, jahutatud
- 2 tl toorgranuleeritud suhkrut
- ½ tl meresoola
- 1 tl jahvatatud ingverit
- 1 spl õunasiidri äädikat
- 2 spl vett, jahutatud

VIIE Vürtsi virsikutäidis

- 4 virsikut, kivid eemaldatud, õhukesteks viiludeks
- 2 spl valget suhkrut
- ½ sidruni, mahl
- 1 tl Hiina viis vürtsi
- 2 spl aprikoosimoosi
- 1 tl maisijahu (maisitärklis)

JUHISED:

a) Pirukapõhja valmistamiseks pane jahu, või, suhkur ja sool köögikombaini. Blitz, kuni see meenutab riivsaialaadset tekstuuri. Seejärel lisage jahvatatud ingver, õunasiidri äädikas ja vesi ning jätkake pulseerimist, kuni tainas on moodustunud .

b) Tõsta tainas kergelt jahusele pinnale ja sõtku 2 minutit ühtlaseks. Suru kätega 10cm kettaks, seejärel keera kilesse ja pane 1 tunniks külmkappi.

c) Kui teie tainas on peaaegu valmis, soojendage ahi temperatuurini 200 °C (390 °F). Sega virsikuviilud, suhkur ja sidrunimahl suures segamiskausis. Lisage viis vürtsi ja aprikoosimoos, seejärel segage, kuni see on lihtsalt segunenud. Jäta kõrvale.

d) Eemaldage tainas külmkapist. Puista väike kogus jahu suurele küpsetuspaberilehele ja aseta sellele tainas.

e) Tõsta lamedale lehtpannile. Rulli tainas umbes 40 cm (15,5 tolli) läbimõõduga ja umbes 1 cm paksuseks ümmarguseks ringiks.

f) Puista saiale maisijahu – see aitab eemaldada liigset mahla, et vältida märja põhjaga küpsetist .

g) Alustades keskelt, asetage ja lehvitage virsikuviilud rattakujuliseks, jättes servade ümber umbes 7 cm (2¾") äärist.

h) Voldi taigna servad üle, et tekiks galett , jättes keskele umbes 15 cm (6 tolli) puuviljasegu.

i) Viige plaat ahju. Küpseta 40 minutit või kuni küpsetis on kuldne ja krõbe. Serveeri jäätisega.

71.Tomat & Jalapeno Galette

KOOSTISOSAD:

Tainas:
- 1 tass jahu
- ¼ teelusikatäit soola
- ½ tassi jahutatud võid, kuubikuteks
- 4 untsi toorjuustu, kuubikuteks
- 2-3 supilusikatäit jäävett

TÄITMINE:
- 4 untsi toorjuustu, pehmendatud.
- 2 küüslauguküünt, peeneks hakitud
- 1 supilusikatäis koriandrit, hakitud
- 1 röstitud jalapeno pipar, villitud, seejärel peeneks hakitud
- näputäis soola
- ½ tassi hakitud cheddari ja Monterey jack segu
- viilutatud tomat

JUHISED:

Tainas:
a) Sõeluge omavahel jahu ja sool ning seejärel kondiitri segistiga, lõigake toorjuust ja või.
b) Lisage nii palju vett, et see kõik kokku jääks.
c) Tasandage ja asetage kilesse mähituna mitmeks tunniks külmkappi.
d) Vahepeal valmista täidis:

TÄITMINE:
e) Kui olete kasutamiseks valmis, rullige see jämedaks ringiks, asetage pitsaplaadile ja soojendage ahi 350 kraadini.
f) Sega toorjuust, küüslauk, koriander, hakitud jalapeno ja sool. Laota kooriku põhjale paari tolli täpsusega servast.
g) Puista peale ½ tassi riivitud juustu ja laota peale tomatid.
h) Puista peale veel veidi juustu. Voldi taina servad üle.
i) Küpseta 30-35 minutit, kuni see on kuldne ja kihisev. Lõika viiludeks ja serveeri.

72.Talvepuu- ja piparkoogigalette

KOOSTISOSAD:

KOndiitritainas:

- 2 ¼ tassi jahu
- 2 tl suhkrut
- ¾ teelusikatäit soola
- ½ tassi peent maisijahu
- ½ tl segatud vürtsi
- 1 tl jahvatatud ingverit
- ½ tl jahvatatud kaneeli
- 14 spl võid, külm
- 3,4 untsi vett, külm
- 6 spl hapukoort

KARAMELLISEERITUD TALVILJAD:

- ⅓ tassi suhkrut
- 3,4 untsi vett
- 1 vaniljekaun (kaun), pikuti lõigatud, seemned välja kraabitud
- 2 kaneelipulka
- 2 nelki
- 4 kardemonikauna
- 1 suur küüslauguküüs
- 4-tärni aniis
- ⅔ tassi kumkvaate
- 1 hurma
- 3 Bramley õuna
- ⅔ tassi kuivatatud aprikoose
- ⅔ tassi kuivatatud ploome
- ⅓ tassi kuivatatud jõhvikaid

PIPARKOOGID:

- ½ tassi võid
- ½ tassi pehmet tumepruuni suhkrut
- 1 apelsini koor
- 2 suurt muna
- ¼ tassi jahu
- 1 tl jahvatatud ingverit
- ¼ tl jahvatatud segatud vürtsi
- ¼ tl jahvatatud kaneeli

- 1 tass jahvatatud mandleid

GARNIS:

- 3 suurt munavalget
- ½ tassi tuhksuhkrut

JUHISED:

KOndiitritainas:

a) Sõelu kaussi jahu, suhkur, sool, maisijahu, segatud vürtsid, jahvatatud ingver ja kaneel. Lõika või väikesteks kuubikuteks ja hõõru jahusegusse, kuni tekstuur meenutab peent riivsaia.

b) Lisa külm vesi ja hapukoor ning sega ühtlaseks tainaks. Mähi toidukilesse ja jahuta, kuni see on kõva, umbes 30 minutit.

KARAMELLISEERITUD TALVILJAD:

c) Sega tugevas kastrulis kõik siirupi koostisained. Kuumuta keemiseni, seejärel alanda kuumust ja lase podiseda. Vahepeal poolita kumkvaadid, lõika hurma viiludeks, koori õunad ja lõika õunad Pariisi kulbiga väikesteks pallideks.

d) Blanšeeri kumkvaate eraldi keevas vees , kuni koor on veidi pehmenenud, umbes 3 minutit, nõruta ja varu.

e) Lisage keevale siirupile kuivatatud aprikoosid, keetke viis minutit, seejärel lisage ploomid ja kumkvaadid, keetke veel kaks minutit, seejärel lisage õunapallid ja kuivatatud jõhvikad. Jätkake küpsetamist, kuni puuviljad on pehmed, umbes kolm kuni viis minutit.

f) Tõsta pann tulelt ja lase jahtuda . Nõruta puuviljad ja varu. Visake terved vürtsid ära. Tõsta siirup tagasi tulele ja vähenda, kuni saavutatakse siirupi konsistents .

PIPARKOOGID:

g) Vahusta või, pruun suhkur ja apelsinikoor. Lisage järk-järgult munad, segades iga lisamise vahel hästi.

h) Sõelu jahu, lisa ingver, segatud vürtsid, kaneel ja jahvatatud mandlid ning sega võisegu hulka. Hoia kuni vajaduseni külmkapis.

GALETTE KOOSTAMINE:

i) Kuumuta ahi 190˚C-ni. Rulli jahutatud kondiitritainast jahusel tööpinnal 3 cm paksuseks .

j) Lõika 30 cm ringiks. Vooderda küpsetuspann küpsetuspaberiga, aseta selle peale 25 cm metallrõngas ja aseta kondiitritooted rõnga keskele. Pintselda munavalgega ümber saia sisemised servad.

k) Tõsta piparkoogisegu tainasse ja tõsta peale pošeeritud puuviljad, jättes väikese valiku kaunistuseks. Suruge kondiitritaigna servad kokku, tagades, et keskosa jääb paljaks.

l) Pintselda munavalgega, puista peale tuhksuhkrut ja küpseta kuldpruuniks, umbes 25 minutit. Umbes 5 minutit enne, kui kook on täielikult küpsenud, pintselda üle ülejäänud siirupiga ja aseta koogi peale reserveeritud puuviljad.

SERVEERIMA:

m) Eemaldage ahjust ja laske 5 minutit seista , et veidi jahtuda, laske noaga ümber metallrõnga serva lahti lasta, seejärel eemaldage.

73.Kardemoni-vürtsiga aprikoosi mandligalett

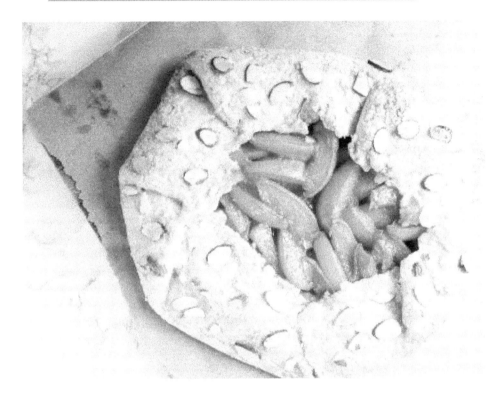

KOOSTISOSAD:

KOORIKU KOHTA:

- 1 ¼ tassi jahu
- ½ supilusikatäit suhkrut
- ½ tl peent soola
- 1 pulk soolata võid, väga külm

TÄIDISEKS:

- 7 aprikoosi, poolitatud, kivideta ja õhukesteks viiludeks (ei pea koorima)
- ½ tassi tumepruuni suhkrut
- ⅛ teelusikatäis koššersoola
- ¼ tl vaniljeekstrakti
- ¼ teelusikatäit mandli ekstrakti
- 2 tl sidrunimahla
- 4 supilusikatäit maisitärklist
- ¼ tl jahvatatud kardemoni

KOORIKU VIIMISTLEMISEKS:

- munapesu (1 lahtiklopitud muna ja 1 spl vett)
- turbinado suhkur
- 3 spl viilutatud mandleid

JUHISED:

KOORIKU KOHTA:

a) Täitke tass ½ tassi veega ja tilgutage paar jääkuubikut; pane see kõrvale. Vahusta suures kausis jahu, suhkur ja sool. Lõika väga külm soolamata või ½-tollisteks tükkideks.

b) Puista võikuubikud jahule ja hakake neid kondiitri segisti või kahvliga sisse töötama, kasutades seda segu kulbiks ja jagamiseks vastavalt vajadusele, et kõik osad oleksid ühtlaselt töödeldud, kuni kõik võitükid on pisikeste herneste suurused.

c) Alustuseks nirista ¼ tassi jääkülma vett (kuid mitte kuubikuid) või ja jahu segule. Koguge tainas kummist spaatliga kokku. Tõenäoliselt vajate selle kokku viimiseks veel ¼ tassi külma vett, kuid lisage see supilusikatäis korraga.

d) Kui olete spaatliga suuri tükke välja tõmmanud, alustage taigna kokkuviimiseks kätega. Koguge tükid kokku üheks künkaks, sõtke

192

need õrnalt kokku. Vormi see kettaks ja mähkige kilesse. Tõsta vähemalt tunniks ajaks külmkappi.

TÄIDISEKS:

e) Kuni tainas jahtub, valmista täidis. Lisage kõik täidise koostisosad keskmisesse kaussi ja segage õrnalt, kuni kõik on segunenud ja puuviljad on ühtlaselt vürtsidega kaetud. Maitse ja kohanda maitseid vastavalt vajadusele. Tõsta kõrvale ja lase leotada, kuni tainas on jahtunud.

f) Kuumuta ahi 400 kraadini restiga keskel. Vooderda ahjuplaat küpsetuspaberi või silikoonist küpsetusmatiga ja tõsta kõrvale.

g) Kui tainas on põhjalikult jahtunud, eemaldage see külmkapist. Rulli tainas kergelt jahusel pinnal umbes 14-tollise läbimõõduga umbes ⅛-tollise paksusega ringiks. Voldi tainas õrnalt neljandikku ja pintselda ära liigne jahu. Viige tainas ettevalmistatud küpsetusplaadi keskele ja keerake lahti. Pole hullu, kui see küpsetusplaadi äärte küljest ära ripub.

h) Asetage aprikoosisegu taigna keskele, jättes 2–3 tolli tainast paljaks piki servi. Kui kaussi on kogunenud mahla, valage need puuvilja keskele.

i) Haara lahtist tainast ja keera see täidise peale galette keskosa poole . Jätkake galette ümber töötamist , laske taignal end loomulikuna kohtades kokku keerata, ja tehke vajadusel paar volti. Jätkake, kuni olete kogu üleliigse taigna ära kasutanud ja loonud kooriku serva, mis ümbritseb puu keskele.

j) Pintselda taigna servad ja küljed munapesuga ning puista üle rohkelt turbanisuhkrut ja viilutatud mandleid. Asetage küpsetusplaat külmkappi ja jahutage galette vähemalt 30 minutit või kuni tund.

k) Küpseta galette 35-45 minutit või kuni koorik on kuldpruun ja vili mullitav. Lase ahjuplaadil 5 minutit jahtuda ning seejärel tõsta galette küpsetuspaberiga õrnalt üles ja tõsta jahutusrestile. Serveerimiseks lõigake see paksudeks viiludeks. Soovitan soojalt serveerida lusikatäie vaniljekaunajäätisega.

KOOSTISOSAD:

- 1 leht poest ostetud lehttaigna, sulatatud
- 2 tassi keedetud ja püreestatud maguskartulit
- 1 tass keedetud musti ube
- 1 chipotle pipar adobo kastmes, hakitud
- 1 tl jahvatatud köömneid
- 1/2 tl tšillipulbrit
- Sool ja pipar maitse järgi
- 1 lahtiklopitud muna (munade pesemiseks)
- Värsked koriandrilehed kaunistuseks (valikuline)

JUHISED:

a) Kuumuta ahi temperatuurini 375 °F (190 °C) ja vooderda küpsetusplaat küpsetuspaberiga.

b) Sega kausis kartulipüree, mustad oad, hakitud chipotle pipar, jahvatatud köömned, tšillipulber, sool ja pipar.

c) Rulli lehttaignaleht kergelt jahusel pinnal umbes 12-tollise läbimõõduga krobeliseks ringiks.

d) Tõsta lahtirullitud lehttainas ettevalmistatud ahjuplaadile.

e) Määri bataadi ja musta oa segu ühtlaselt lehttaignale, jättes servadele umbes 2-tollise äärise.

f) Murra lehttaigna servad täidise peale, voldi vastavalt vajadusele, et tekiks rustikaalne galette kuju.

g) Pintselda taina servad lahtiklopitud munaga.

h) Küpseta eelkuumutatud ahjus 25-30 minutit või kuni küpsetis on kuldpruun.

i) Võta ahjust välja ja lase enne serveerimist veidi jahtuda.

j) Soovi korral kaunista värskete koriandrilehtedega.

k) Tükeldage ja nautige maitsvat Chipotle maguskartuli ja musta oa galette'i !

ŠOKOLAADIGALETID

75.Nutella šokolaadigalett

KOOSTISOSAD:
- 1 eelnevalt valmistatud pirukakoorik
- 1/2 tassi Nutellat
- 1/4 tassi hakitud sarapuupähkleid
- 1 lahtiklopitud muna (munade pesemiseks)
- tuhksuhkur (tolmutamiseks)

JUHISED:
a) Kuumuta ahi temperatuurini 375 ° F (190 ° C).
b) pirukakoor küpsetuspaberiga kaetud ahjuplaadil lahti .
c) pirukapõhja keskele .
d) Puista Nutella peale hakitud sarapuupähkleid.
e) Murra kooriku servad Nutella täidise peale, luues maalähedase äärise.
f) Määri kooriku servad lahtiklopitud munaga.
g) Küpseta 20-25 minutit või kuni koorik on kuldpruun.
h) Enne tuhksuhkruga üle puistamist lase galettil veidi jahtuda. Serveeri soojalt.

76.Šokolaad ja vaarika galette

KOOSTISOSAD:

- 1 eelnevalt valmistatud šokolaadikook
- 1 tass poolmagusaid šokolaaditükke
- 1 tass värskeid vaarikaid
- 1 spl granuleeritud suhkrut
- 1 lahtiklopitud muna (munade pesemiseks)
- tuhksuhkur (tolmutamiseks)

JUHISED:

a) Kuumuta ahi temperatuurini 375 ° F (190 ° C).
b) pirukakoor küpsetuspaberiga kaetud ahjuplaadil lahti .
c) Sulata šokolaaditükid mikrolaineahjus kasutatavas kausis, sega ühtlaseks.
d) pirukapõhja keskele .
e) Laota värsked vaarikad šokolaadi peale.
f) Puista vaarikate peale granuleeritud suhkur.
g) Murra kooriku servad täidise peale, tekitades rustikaalse äärise.
h) Määri kooriku servad lahtiklopitud munaga.
i) Küpseta 25-30 minutit või kuni koorik on kuldpruun.
j) Enne tuhksuhkruga üle puistamist lase galettil veidi jahtuda. Serveeri soojalt.

77.Soolakaramellšokolaadigalette

KOOSTISOSAD:

- 1 eelnevalt valmistatud pirukakoorik
- 1 tass poolmagusaid šokolaaditükke
- 1/2 tassi soolakaramellkastet
- Meresoolahelbed (puistamiseks)
- 1 lahtiklopitud muna (munade pesemiseks)
- tuhksuhkur (tolmutamiseks)

JUHISED:

a) Kuumuta ahi temperatuurini 375 ° F (190 ° C).
b) pirukakoor küpsetuspaberiga kaetud ahjuplaadil lahti .
c) Sulata šokolaaditükid mikrolaineahjus kasutatavas kausis, sega ühtlaseks.
d) pirukapõhja keskele .
e) Nirista soolakaramellkastet šokolaadile.
f) Puista karamellile meresoolahelbed.
g) Murra kooriku servad täidise peale, tekitades rustikaalse äärise.
h) Määri kooriku servad lahtiklopitud munaga.
i) Küpseta 25-30 minutit või kuni koorik on kuldpruun.
j) Enne tuhksuhkruga üle puistamist lase galettil veidi jahtuda. Serveeri soojalt.

78.Šokolaad ja banaanigalett

KOOSTISOSAD:
- 1 eelnevalt valmistatud pirukakoorik
- 1 tass poolmagusaid šokolaaditükke
- 2 küpset banaani, viilutatud
- 2 spl pruuni suhkrut
- 1 lahtiklopitud muna (munade pesemiseks)
- tuhksuhkur (tolmutamiseks)

JUHISED:
a) Kuumuta ahi temperatuurini 375 ° F (190 ° C).
b) pirukakoor küpsetuspaberiga kaetud ahjuplaadil lahti .
c) Sulata šokolaaditükid mikrolaineahjus kasutatavas kausis, sega ühtlaseks.
d) pirukapõhja keskele .
e) Laota viilutatud banaanid šokolaadi peale.
f) Puista banaanidele pruuni suhkrut.
g) Murra kooriku servad täidise peale, tekitades rustikaalse äärise.
h) Määri kooriku servad lahtiklopitud munaga.
i) Küpseta 25-30 minutit või kuni koorik on kuldpruun.
j) Enne tuhksuhkruga üle puistamist lase galettil veidi jahtuda. Serveeri soojalt.

79.Valge šokolaadi vaarika galette

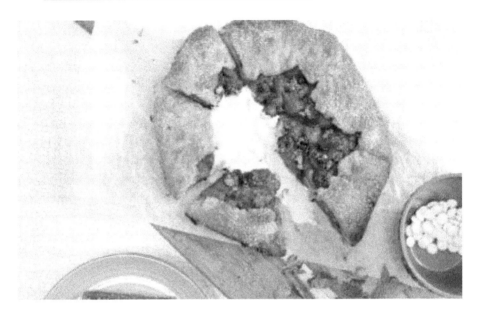

KOOSTISOSAD:
- 1 eelnevalt valmistatud pirukakoorik
- 1 tass valge šokolaadi laastud
- 1 tass värskeid vaarikaid
- 1 spl granuleeritud suhkrut
- 1 lahtiklopitud muna (munade pesemiseks)
- tuhksuhkur (tolmutamiseks)

JUHISED:
a) Kuumuta ahi temperatuurini 375 ° F (190 ° C).
b) pirukakoor küpsetuspaberiga kaetud ahjuplaadil lahti .
c) Sulata valge šokolaadi laastud mikrolaineahjus kasutatavas kausis, sega ühtlaseks.
d) pirukapõhja keskele .
e) Laota värsked vaarikad valge šokolaadi peale.
f) Puista vaarikate peale granuleeritud suhkur.
g) Murra kooriku servad täidise peale, tekitades rustikaalse äärise.
h) Määri kooriku servad lahtiklopitud munaga.
i) Küpseta 25-30 minutit või kuni koorik on kuldpruun.
j) Enne tuhksuhkruga üle puistamist lase galettil veidi jahtuda. Serveeri soojalt.

80.Chocolate Cherry Galette

KOOSTISOSAD:

- 1 eelnevalt valmistatud pirukakoorik
- 1 tass poolmagusaid šokolaaditükke
- 1 tass värskeid kirsse, kivideta ja poolitatud
- 1 spl granuleeritud suhkrut
- 1 lahtiklopitud muna (munade pesemiseks)
- tuhksuhkur (tolmutamiseks)

JUHISED:

a) Kuumuta ahi temperatuurini 375 ° F (190 ° C).

b) pirukakoor küpsetuspaberiga kaetud ahjuplaadil lahti .

c) Sulata šokolaaditükid mikrolaineahjus kasutatavas kausis, sega ühtlaseks.

d) pirukapõhja keskele .

e) Laota värsked kirsipoolikud šokolaadi peale.

f) Puista kirssidele granuleeritud suhkur.

g) Murra kooriku servad täidise peale, tekitades rustikaalse äärise.

h) Määri kooriku servad lahtiklopitud munaga.

i) Küpseta 25-30 minutit või kuni koorik on kuldpruun.

j) Enne tuhksuhkruga üle puistamist lase galettil veidi jahtuda. Serveeri soojalt.

81.Maapähklivõi tass S'mores Galette

KOOSTISOSAD:
- 1 ½ tassi universaalset jahu
- ½ tassi grahami kreekeripuru
- ⅔ tassi soolavõid, külm, kuubikuteks lõigatud
- ¼ tassi suhkrut
- 5-6 supilusikatäit külma vett
- 1 lahtiklopitud muna munade pesemiseks
- 15 suurt vahukommi
- 1 tass minišokolaadiga kaetud grahami, lõigatud pooleks
- 1 tass hakitud piimašokolaaditahvel valikuliselt
- 1 ½ tassi purustatud maapähklivõi tassi
- ½ tassi maapähklivõitükke, sulatatud tilgutamiseks (valikuline)
- ½ tassi vahukommi kohevust tilgutamiseks (valikuline)

JUHISED:
KOORIKU TEGEMISEKS:
a) Asetage jahu, Grahami kreekeripuru ja suhkur seisvasse mikseri kaussi ning lisage laba kinnitus. Segage see kiiresti segamiseks. Lisage aeglaselt või kuubiku haaval ja segage madalal kuumusel, kuni moodustub märja liivataoline konsistents.
b) Teise võimalusena võite kasutada kondiitrilõikurit ja lõigata või segusse. Lisa supilusikatäis korraga külma vett . Tainas on valmis, kui see on tihke ja mitte kleepuv.

PANGE KÕIK KOKKU:
c) Tainast pole vaja jahutada.
d) ülepuistatud tasasel pinnal lahti . Rulli laiali umbes 12 tolli laiune ring. Lisa vahukommid, piimašokolaad, šokolaadigrahamid ja maapähklivõitopsid.
e) galette keskosa avatuks.
f) Jätkake järgmise osa voltimist eelmise osa peale ja nii edasi, kuni kogu koorik on sissepoole volditud . Pintselda koorik munapesuga.

KÜPSETA:
g) Küpseta 350° juures 25-30 minutit või kuni keskosa on mullitav ja servad on kenasti kuldpruunid. Sulata maapähklivõi laastud mikrolaineahjus kasutatavas kausis kõrgel kuumusel 60–70

sekundit või kuni sulamiseni. Olge ettevaatlik , kuna kauss võib olla kuum.

h) Vahusta laastud ühtlaseks. Nirista peale sooja galette . Enne serveerimist lase veidi jahtuda. Serveeri soojalt, toasoojalt või külmalt.

i) Hoida kaetult toatemperatuuril kuni neli päeva. Nautige!

82.Tume šokolaad ja apelsini galette

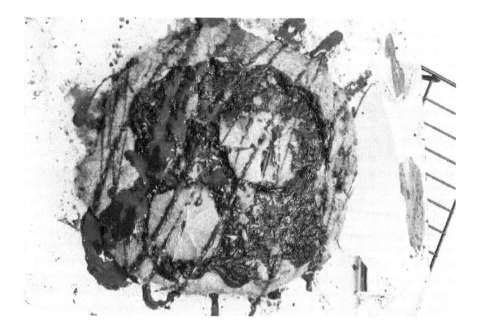

KOOSTISOSAD:

- 1 eelnevalt valmistatud pirukakoorik
- 1 tass tumeda šokolaadi tükke
- 1 apelsini koor
- 2 supilusikatäit granuleeritud suhkrut
- 1 lahtiklopitud muna (munade pesemiseks)
- tuhksuhkur (tolmutamiseks)

JUHISED:

a) Kuumuta ahi temperatuurini 375 ° F (190 ° C).

b) pirukakoor küpsetuspaberiga kaetud ahjuplaadil lahti .

c) pirukapõhja keskele .

d) Puista šokolaaditükkidele apelsinikoor.

e) Puista šokolaadi ja apelsinikoore peale granuleeritud suhkur.

f) Murra kooriku servad täidise peale, tekitades rustikaalse äärise.

g) Määri kooriku servad lahtiklopitud munaga.

h) Küpseta 25-30 minutit või kuni koorik on kuldpruun.

i) Enne tuhksuhkruga üle puistamist lase galettil veidi jahtuda. Serveeri soojalt.

83.Kookosešokolaadigalett

KOOSTISOSAD:
- 1 eelnevalt valmistatud pirukakoorik
- 1 tass hakitud kookospähklit
- 1 tass poolmagusaid šokolaaditükke
- 2 supilusikatäit granuleeritud suhkrut
- 1 lahtiklopitud muna (munade pesemiseks)
- tuhksuhkur (tolmutamiseks)

JUHISED:
a) Kuumuta ahi temperatuurini 375 ° F (190 ° C).
b) pirukakoor küpsetuspaberiga kaetud ahjuplaadil lahti .
c) pirukapõhja keskele .
d) Puista kookospähklile poolmagusad šokolaaditükid.
e) Puista granuleeritud suhkur šokolaadi ja kookose peale.
f) Murra kooriku servad täidise peale, tekitades rustikaalse äärise.
g) Määri kooriku servad lahtiklopitud munaga.
h) Küpseta 25-30 minutit või kuni koorik on kuldpruun.
i) Enne tuhksuhkruga üle puistamist lase galettil veidi jahtuda. Serveeri soojalt.

LIHALISED GALETID

84.Vorsti Galette

KOOSTISOSAD:

- 2 ringi ettevalmistatud pirukakoore tainast (14,1-untsisest pakendist)
- 8 untsi jahvatatud salvei hommikusöögivorsti
- 1 spl oliiviõli (vajadusel)
- 1/2 keskmisest sibulast, viilutatud õhukesteks ribadeks
- 8 untsi viilutatud baby bella seeni
- 2/3 tassi ricottat
- 4 küüslauguküünt, hakitud
- Värskelt jahvatatud sool ja pipar, maitse järgi
- 4 untsi Gruyere juustu, hakitud
- 1/2 tl kuivatatud tüümiani
- 1 lahtiklopitud muna
- 1 spl vett

JUHISED:

a) Kuumuta ahi 400 kraadini F. Vooderda kaks küpsetusplaati küpsetuspaberiga. Rulli igale ahjuplaadile küpsetuspaberi peale üks pirukakoorik .

b) Küpseta vorsti pannil keskmisel kuumusel, kuni see on pruunistunud ja murene, umbes 8 minutit. Tõsta vorst pannilt lusikaga paberrätikuga vooderdatud taldrikule ja tõsta kõrvale, jättes vorstist õli pannile. Kui õli on vähe, lisage pannile kuni 1 supilusikatäis oliiviõli.

c) Lisage pannile sibul, et vorstist sulatatud õlis küpsetada. Küpseta, kuni sibula servad hakkavad pruunistuma ja karamellistama, umbes 3 minutit. Lisa seened pannile ja küpseta 4 minutit või kuni need hakkavad just pehmeks muutuma. Tõsta köögiviljad pannilt ja lisa vorstiga paberrätikuga vooderdatud taldrikule.

d) pirukakooriku keskele , jaotades ühtlaselt, kuid jättes 1 1/2-tollise ümbermõõdu paljaks. Jaga ricotta peale hakitud küüslauk kahe kooriku vahel, seejärel lisa maitseks veidi värskelt purustatud soola ja pipart.

e) Lisa pool vorsti-seene segust ühtlase kihina igale koorikule ricotta peale. Pealt hakitud Gruyere. Puista kõige peale tüümiani.

f) pirukakoorikute servad seenetäidise peale kogu ringi ulatuses, voltides iga paari sentimeetri järel ringikujulise kuju säilitamiseks. Vahusta muna ja vesi väikeses kausis. Pintselda pirukavormide ääred munaseguga.

g) Küpseta eelkuumutatud ahjus 18-22 minutit või kuni koor on kuldne. Jahuta ahjuplaadil 10 minutit, enne kui tõstad serveerimisvaagnale.

85.Kana ja seente galette

KOOSTISOSAD:
- 1 eelnevalt valmistatud pirukakoorik
- 2 tassi keedetud kana, tükeldatud või kuubikuteks lõigatud
- 1 tass viilutatud seeni
- 1 tass hakitud Šveitsi juustu
- 1/4 tassi hakitud värsket peterselli
- Sool ja pipar maitse järgi
- 1 lahtiklopitud muna (munade pesemiseks)

JUHISED:
a) Kuumuta ahi temperatuurini 375 ° F (190 ° C).
b) Prae pannil viilutatud seeni, kuni need on pehmenenud ja liigne vedelik on aurustunud.
c) pirukakoor küpsetuspaberiga kaetud ahjuplaadil lahti .
d) pirukakooriku keskele , jättes servade ümber umbes 1–2 tolli koorikut.
e) Puista praetud seened kana peale.
f) Puista seentele hakitud Šveitsi juust ja hakitud värsket peterselli.
g) Maitsesta soola ja pipraga maitse järgi.

86.Veiseliha ja karamelliseeritud sibulagalett

KOOSTISOSAD:

- 1 nael veisehakkliha
- 2 suurt sibulat, õhukeselt viilutatud
- 1 spl oliiviõli
- Sool ja pipar maitse järgi
- 1 tass hakitud gruyere juustu
- 1 spl värskeid tüümiani lehti
- 1 eelnevalt valmistatud pirukakoorik

JUHISED:

a) Kuumuta ahi temperatuurini 375 °F (190 °C).

b) Kuumuta pannil oliiviõli keskmisel kuumusel. Lisa viilutatud sibul ja küpseta aeg-ajalt segades, kuni see on karamelliseerunud, umbes 20-25 minutit.

c) Lisa pannile veisehakkliha ja küpseta, kuni see on pruunistunud. Maitsesta soola ja pipraga.

d) pirukakoor küpsetuspaberiga kaetud ahjuplaadil lahti .

e) pirukapõhja keskele , jättes servade ümber äärise.

f) Puista veiselihasegule riivitud gruyere juust.

g) Murra pirukapõhja servad täidise peale, voldi vastavalt vajadusele .

h) Pintselda koore servad lahtiklopitud munaga kuldseks viimistluseks (valikuline).

i) Küpseta eelkuumutatud ahjus 25-30 minutit või kuni koor on kuldpruun.

j) Enne serveerimist puista galette peale värskeid tüümianilehti .

87.Singi ja juustu galette

KOOSTISOSAD:
GALETITAIGNAS
- 2 tassi tatrajahu
- 1/4 tassi universaalset jahu
- 1 spl soola
- 4 1/2 tassi vett
- 1 muna

KOOSTAMINE
- Soolata või
- sink
- Munad
- Gruyère juust, riivitud

JUHISED:
GALETITAIGNAS
a) Sega kõik kokku, kuni see on hästi segunenud. Lase taignal 2 tundi või üleöö külmikus seista.

KOOSTAMINE
b) Kuumuta 11-tolline malmist krepppann keskmisel kuumusel ühtlaselt kuumaks. Iseloomulike kraatrite jaoks peab pann olema piisavalt kuum, et valades taignast kohe augud teha .

c) Sulata panni katmiseks piisavalt võid. Valage 1/2 tassi tainast ja kallutage pann, et see kataks kogu selle pinna.

d) Küpseta esimesel küljel umbes 2 1/2 minutit, seejärel pööra ümber ja küpseta veel 1 1/2 minutit. Tõsta galette tulelt ja lase jahtuda, kuni see on täidise jaoks vajalik. Korrake kogu taignaga, lisades pannile võid, et vältida kleepumist.

e) " Täielikuks " kokkupanemiseks sulatage veel võid ja viskage jahtunud galette'i , kraatrid allapoole, ja asetage keskele kohe singiviil, millele järgneb viilu katmiseks riivitud gruyere. Samal ajal küpseta eraldi pannil sulavõis muna; kui muna on peaaegu küpsenud, asetage see õrnalt gruyere peale nii, et munakollane oleks keskel, ja keerake üle galette nelja serva, et ainult muna jääks nähtavale.

f) Kata kaanega ja kuumuta umbes minut aega, kuni muna on küpsenud ja galette põhi krõbe . Serveeri kohe.

88.Türgi ja jõhvikagalett

KOOSTISOSAD:
- 1 eelnevalt valmistatud pirukakoorik
- 1 tass keedetud ja tükeldatud kalkunit
- 1/2 tassi jõhvikakastet
- 1/2 tassi murendatud kitsejuustu
- 1/4 tassi hakitud pekanipähklit
- 1 spl hakitud värsket salvei
- Sool ja pipar maitse järgi

JUHISED:
a) Kuumuta ahi temperatuurini 375 °F (190 °C).
b) pirukakoor küpsetuspaberiga kaetud ahjuplaadil lahti .
c) pirukapõhja keskele , jättes servade ümber äärise.
d) Puista jõhvikakastmele tükeldatud kalkuniliha, murendatud kitsejuust, hakitud pekanipähklid ja hakitud värske salvei.
e) Maitsesta soola ja pipraga.
f) Murra pirukapõhja servad täidise peale, voldi vastavalt vajadusele .
g) Küpseta eelkuumutatud ahjus 25-30 minutit või kuni koor on kuldpruun.
h) Lase enne serveerimist veidi jahtuda.

89.Lambaliha ja Feta Galette

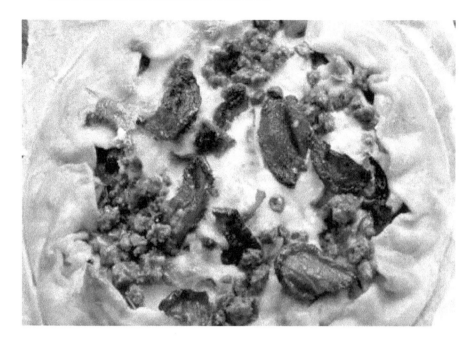

KOOSTISOSAD:

- 1 eelnevalt valmistatud pirukakoorik
- 1 tass keedetud ja tükeldatud lambaliha
- 1/2 tassi murendatud fetajuustu
- 1/4 tassi hakitud värsket piparmünt
- 1/4 tassi hakitud Kalamata oliive
- 1 spl oliiviõli
- Sool ja pipar maitse järgi

JUHISED:

a) Kuumuta ahi temperatuurini 375 °F (190 °C).
b) pirukakoor küpsetuspaberiga kaetud ahjuplaadil lahti .
c) Sega kausis kokku riivitud lambaliha, murendatud fetajuust, hakitud värske piparmünt, hakitud Kalamata oliivid, oliiviõli, sool ja pipar.
d) pirukakooriku keskele , jättes servade ümber äärise.
e) Murra pirukapõhja servad täidise peale, voldi vastavalt vajadusele .
f) Küpseta eelkuumutatud ahjus 25-30 minutit või kuni koor on kuldpruun.
g) Enne viilutamist ja serveerimist lase paar minutit jahtuda.

90.Pulled Pork ja Coleslaw Galette

KOOSTISOSAD:
- 1 eelnevalt valmistatud pirukakoorik
- 1 tass rebitud sealiha
- 1 tass kapsasalati segu
- 1/4 tassi grillkastet
- 1/4 tassi hakitud Cheddari juustu
- Sool ja pipar maitse järgi

JUHISED:
a) Kuumuta ahi temperatuurini 375 °F (190 °C).
b) pirukakoor küpsetuspaberiga kaetud ahjuplaadil lahti .
c) Sega kausis sealiha ja grillkaste korralikult katteks.
d) pirukakooriku keskele , jättes servade ümber äärise.
e) Tõsta sealihale kapsasalati segu ja riivitud Cheddari juust.
f) Maitsesta soola ja pipraga.
g) Murra pirukapõhja servad täidise peale, voldi vastavalt vajadusele
.
h) Küpseta eelkuumutatud ahjus 25-30 minutit või kuni koor on kuldpruun.
i) Lase enne serveerimist veidi jahtuda.

91.Peekoni-, muna- ja juustugalette

KOOSTISOSAD:

- 1 eelnevalt valmistatud pirukakoorik
- 6 viilu peekonit, keedetud ja murendatud
- 4 muna
- 1/2 tassi hakitud Cheddari juustu
- Sool ja pipar maitse järgi

JUHISED:

a) Kuumuta ahi temperatuurini 375 °F (190 °C).

b) pirukakoor küpsetuspaberiga kaetud ahjuplaadil lahti .

c) pirukakooriku keskele , jättes servade ümber äärise.

d) Murra munad peekonile, asetades need üksteisest ühtlaselt.

e) Puista peekonile ja munadele riivitud Cheddari juust.

f) Maitsesta soola ja pipraga.

g) Murra pirukapõhja servad täidise peale, voldi vastavalt vajadusele .

h) Küpseta eelsoojendatud ahjus 20-25 minutit või kuni koor on kuldpruun ja munad on hangunud.

i) Lase enne serveerimist veidi jahtuda.

92.Kartuli-, vorsti- ja rosmariinigalett

KOOSTISOSAD:
küpsetised:
- 1 1/2 tassi universaalset jahu
- 1/4 tassi riivitud parmesani juustu
- 1/4 teelusikatäit soola
- 1/2 tassi 1 pulk külma soolamata võid, tükeldatud
- 5-6 supilusikatäit väga külma vett

GALETTE:
- 1 spl oliiviõli
- 1 tass riivitud mozzarella juustu
- 1/2 tassi hakitud Fontina juustu
- 2 suurt Yukoni kuldset kartulit väga õhukesteks viiludeks
- 2 kuuma või maheda Itaalia vorsti kesta on eemaldatud
- 1/2 teelusikatäit soola
- 1/4 tl värsket jahvatatud musta pipart
- 2 tl hakitud värsket rosmariini
- 1 suur muna, mis on klopitud veega

JUHISED:

a) Saia valmistamiseks sega suures kausis jahu, parmesani juust ja sool hästi kokku. Lisa või ja lõika kondiitri segisti või näppudega, kuni see meenutab hernesuurust jämedat puru. Nirista 5 supilusikatäit vett, segades õrnalt kummilabidaga, kuni kõik on ühtlaselt niisutatud ; Vajadusel lisage viimane supilusikatäis vett, et tekiks ühtlane tainas. Vormi tainas kettaks, mässi kilesse ja pane vähemalt 1 tunniks külmkappi.

b) Kuumuta ahi temperatuurini 425 ° F. Vooderda ahjuplaat küpsetuspaberiga ja tõsta kõrvale.

c) Galette kokkupanemiseks rulli tainas kergelt jahuga ülepuistatud tööpinnal umbes 1/4 tolli paksuseks 12-tolliseks ringiks. Tõsta tainas ettevaatlikult küpsetuspaberiga kaetud ahjuplaadile. Pintselda seda oliiviõliga ja piserda seejärel keskele. koos hakitud juustudega, jättes servale 2-tollise laiuse palja riba.

d) Lehvitage kartuliviilud juustu peal, asetades need küngasse. Tükelda vorst ja aseta kartulite peale. Maitsesta soola, pipra ja rosmariiniga.

e) Voldi taigna servad keskkoha poole. Pintselda kooriku servad munapesuga ja küpseta kuldpruuniks ja mulliliseks, umbes 25–30 minutit.

f) Eemaldage ahjust ja laske enne viilutamist ja serveerimist umbes 10 minutit puhata . Nautige!

93.Röstitud tomatigalett kahel viisil

KOOSTISOSAD:

Tainas:

- 70 g täisterajahu külmalt
- 70 g tavalist jahu külma; Kasutan tavalist spelta
- 50 g kaerajahu külmalt; Mina valmistan oma blenderis
- 1 spl apteegitilli seemneid valikuline
- 1 spl maisijahu külm; või peen polenta
- 1/2 tl soola
- 100 g võid kuubikutena ja külmana; eelistatud orgaaniline
- 1 tl õunasiidri äädikat või valge veini äädikat
- 3 spl jääkülma vett
- 1 väike lahtiklopitud muna (hiljem glasuurimiseks)

TOMATID

- 800 g parimaid tomateid, mitte liiga väikesed
- 2 küüslauguküünt viilutatud
- 1 oks rosmariini
- 1 oks tüümiani
- 3 spl ekstra neitsioliiviõli jagatud kasutusega
- 1 pikk šalottsibul viilutatud; valikuline
- Konserveeritud sidruni tapenade
- 3 spl musta oliivi tapenaadi
- 1/2 konserveeritud sidrunit peeneks hakitud

MAGUS HARISSA PASTA

- 2 spl harissapastat eelistatavalt roosiharissa
- 1 spl parimat tomatiketšupit
- 1/2 sl datlisiirupit või mett

RICOTTA DIP

- 125 g ricottat
- 3 spl musta oliivi tapenaadi
- 1 spl värsket sidrunimahla
- poole sidruni koor
- värsked tüümianilehed ja hakitud rosmariinilehed (valikuline) serveerimiseks

JUHISED:
TAIGNA VALMISTAMINE

a) Kui kasutate, röstige apteegitilli seemneid väikesel pannil, kuni need lõhnavad. Jahuta korraks, seejärel tambi nuia ja uhmri või vürtsiveskiga jämedaks pulbriks. See lõhnab hämmastavalt!

b) Nagu ülalt näha, peaksid taigna koostisosad olema külmad. Tõstke need lihtsalt 15 minutiks külmkappi ja see peakski nii minema. Nüüd pane jahud, või, sool ja apteegitilli seemned köögikombaini kaussi ja pulsi, kuni see on väikesteks "kivikesteks" lagunenud. Seda ei tohiks üle töödelda ühtlaseks pastaks.

c) Segage jäävesi ja äädikas väikeses tassis ning lisage aeglaselt läbi köögikombaini toru, kui protsessor on sisse lülitatud. Hoidke masinat ainult seni, kuni tainapallid on ühele poole kerkinud. Kausis võib olla paar tükki, kuid üldiselt peaks see olema ühtlane tainas.

d) Tõmmake tainas töötlejast välja ja vormige küpsetuspaberi või toidukilega paksune, lame ketas või krobeline ristkülik.

e) Tõmmake üles ja suruge servad täielikult kinni; aseta 15 minutiks sügavkülma. Või 30 minutiks külmkappi.

TOMATIDE RÖSTIMINE

f) Kuumuta ahi 160C ventilaatorini/180C/350F. Veenduge, et kahe aluse hoidmiseks oleks kaks resti.

g) Lõika tomatid umbes 1/2 tolli paksusteks viiludeks ja laota paarile kihile paberrätikule või kahekordsele rätikule. Kata veel rätikuga ja vajuta kergelt. See eemaldab osa vedelikust ja kiirendab röstimist. Võite selle natuke vahele jätta ja jätta tomatid tunniks ajaks praadima. Ma ei ole märganud maitseerinevust tomatite mõne maitsva vedeliku kuivatamisel.

h) Vooderda paar ahjuplaati kergelt kortsutatud fooliumiga (küpsetuspaber ei tööta nii hästi, kuid on keskkonnasõbralikum) ja määri veidi õliga. Laota tomatitele ja pintselda õliga.

i) Pane ahju ja rösti 45 minutit. Tomatite röstimise ajal sega ülejäänud õli eraldi küüslaugu ja šalottsibula hulka. 15 minuti pärast lisage ühele alusele õlitatud küüslauk ja ürdioksad.

j) Sel ajal, kui tomatid röstivad ja tainas puhkab, tehke oma maitsev määre. Sega omavahel valitud koostisosad ja tõsta kõrvale. Kui teil on ricotta dipikaste, tehke seda kohe, segades kõik läbi ja pannes külmkappi.

k) Selle kokku panemine
l) Eemaldage tainas külmkapist ja keerake lahti. Rulli ühtlaselt puhtal jahuga kaetud (ma kasutan rohkem maisijahu) tööpinnal soovitud kujuliseks, kuid umbes 12-tollise läbimõõduga / 1/4 tolli paksuseks. See võib praguneda, nii et lihtsalt paigaldage see teiste välja paistvate tükkidega.
m) Rulli pool tainast lõdvalt taignarullile (see võib vajada torditõstja abi) ja kata tainas täielikult küpsetuspaberiga kaetud alusele.
n) Määri meelepärane soolane määre taignale nii, et äärte lähedusse jääks ainult natuke. Lisage enamik röstitud küüslaugutükke (ärge muretsege ürtide pärast, need maitsestasid küüslauku ja on nüüd valikulised), kõik šalottsibulatükid ja laotage röstitud tomatitele, jättes servade lähedale tühimiku.
o) Tõsta peale suvalised röstitud küüslaugutükid. Murra palja taigna servad ülespoole tomatite välimise veerandi peale (vt pilte). Pintselda lahtiklopitud munaga ja pane 15 minutiks tagasi külmkappi. See peaks välja nägema maalähedane, mitte täiuslik!
p) Tõsta ahju temperatuur 200C ventilaatorini/220C/425F.
q) Pärast jahutamist küpsetage galette ahjus 15 minutit, seejärel vähendage kuumust 160C ventilaatori/180C/350F peale ja küpseta veel 20 minutit, vajadusel katta kergelt fooliumiga, et see liiga kiiresti ei pruunistuks.
r) Tõmmake ahjust välja ja jahutage veidi või toatemperatuurile, enne kui lõikate 6 viiluks ning serveerige salatite ja Ricotta Dipiga.
s) Kaunista täiendavate ürtidega.

VEGGIE GALETTES

94.Ratatouille Galette

KOOSTISOSAD:

- 1 eelnevalt valmistatud pirukakoorik
- 1 väike baklažaan, õhukeselt viilutatud
- 1 suvikõrvits, õhukesteks viiludeks
- 1 kollane kõrvits, õhukeselt viilutatud
- 1 paprika, õhukeselt viilutatud
- 1 sibul, õhukeselt viilutatud
- 2 küüslauguküünt, hakitud
- 2 spl oliiviõli
- 1/2 tassi marinara kastet
- 1/2 tassi riivitud mozzarella juustu
- Sool ja pipar maitse järgi
- Kaunistuseks värsked basiilikulehed

JUHISED:

a) Kuumuta ahi temperatuurini 375 °F (190 °C).

b) Kuumuta suurel pannil keskmisel kuumusel oliiviõli. Lisa hakitud küüslauk ja viilutatud köögiviljad (baklažaan, suvikõrvits, kõrvits, paprika ja sibul). Küpseta, kuni see on pehme, umbes 8-10 minutit. Maitsesta soola ja pipraga.

c) pirukakoor küpsetuspaberiga kaetud ahjuplaadil lahti .

d) pirukakooriku keskele , jättes servade ümber äärise.

e) Laota keedetud köögiviljad marinara kastme peale.

f) Puista köögiviljadele riivitud mozzarella juust.

g) Murra pirukapõhja servad täidise peale, voldi vastavalt vajadusele .

h) Küpseta eelkuumutatud ahjus 25-30 minutit või kuni koorik on kuldpruun ning juust sulanud ja mulliline.

i) Enne serveerimist kaunista värskete basiilikulehtedega.

95.Karri köögiviljagalett

KOOSTISOSAD:

- 1 eelnevalt valmistatud pirukakoorik
- 2 tassi segatud köögivilju (nt lillkapsas, porgand, hernes ja kartul), tükeldatud
- 1 sibul, peeneks hakitud
- 2 küüslauguküünt, hakitud
- 2 spl karripulbrit
- 1/2 tassi kookospiima
- 2 spl taimeõli
- Sool ja pipar maitse järgi

JUHISED:

a) Kuumuta ahi temperatuurini 375 °F (190 °C).

b) Kuumutage pannil keskmisel kuumusel taimeõli. Lisa hakitud sibul ja hakitud küüslauk. Küpseta, kuni see on pehme, umbes 2-3 minutit.

c) Lisa pannile kuubikuteks lõigatud köögiviljad ja küpseta, kuni need on kergelt pehmed, umbes 5–7 minutit.

d) Sega juurde karripulber ja kookospiim. Maitsesta soola ja pipraga. Küpseta veel 2-3 minutit, kuni segu veidi pakseneb.

e) pirukakoor küpsetuspaberiga kaetud ahjuplaadil lahti .

f) pirukakooriku keskele , jättes servade ümber äärise.

g) Murra pirukapõhja servad täidise peale, voldi vastavalt vajadusele .

h) Küpseta eelkuumutatud ahjus 25-30 minutit või kuni koor on kuldpruun.

i) Lase enne serveerimist veidi jahtuda.

96.Caprese Galette

KOOSTISOSAD:

- 1 eelnevalt valmistatud pirukakoorik
- 2 suurt tomatit, õhukesteks viiludeks
- 8 untsi värsket mozzarella juustu, viilutatud
- 1/4 tassi värskeid basiiliku lehti
- 2 spl balsamico glasuuri
- 2 spl oliiviõli
- Sool ja pipar maitse järgi

JUHISED:

a) Kuumuta ahi temperatuurini 375 °F (190 °C).

b) pirukakoor küpsetuspaberiga kaetud ahjuplaadil lahti .

c) pirukakoore keskele kattuva mustriga , jättes servade ümber äärise.

d) Rebi värsked basiilikulehed ning puista need tomatite ja mozzarella peale.

e) Nirista tomatitele ja mozzarellale balsamicoglasuuri ja oliiviõli. Maitsesta soola ja pipraga.

f) Murra pirukapõhja servad täidise peale, voldi vastavalt vajadusele .

g) Küpseta eelkuumutatud ahjus 20-25 minutit või kuni koorik on kuldpruun ja juust sulanud.

h) Lase enne serveerimist veidi jahtuda.

97.Seene ja Gruyere Galette

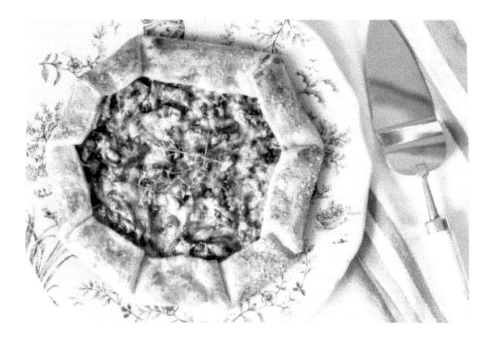

KOOSTISOSAD:

- 1 eelnevalt valmistatud pirukakoorik
- 2 tassi viilutatud seeni (nt cremini- või nööbiseened)
- 1 spl võid
- 1 sibul, õhukeselt viilutatud
- 2 küüslauguküünt, hakitud
- 1 tass hakitud Gruyere juustu
- 1 spl värskeid tüümiani lehti
- Sool ja pipar maitse järgi

JUHISED:

a) Kuumuta ahi temperatuurini 375 °F (190 °C).

b) Sulata pannil või keskmisel kuumusel. Lisa viilutatud seened, viilutatud sibul ja hakitud küüslauk. Küpseta, kuni seened on pehmed ja sibul karamelliseerunud, umbes 10-12 minutit. Maitsesta soola ja pipraga.

c) pirukakoor küpsetuspaberiga kaetud ahjuplaadil lahti .

d) pirukapõhja keskele , jättes servade ümber äärise.

e) Puista seenesegule peale riivitud Gruyere juust.

f) Puista juustule värskeid tüümianilehti.

g) Murra pirukapõhja servad täidise peale, voldi vastavalt vajadusele .

h) Küpseta eelkuumutatud ahjus 25-30 minutit või kuni koorik on kuldpruun ning juust sulanud ja mulliline.

i) Lase enne serveerimist veidi jahtuda.

98.Spinat ja Feta Galette

KOOSTISOSAD:
- 1 eelnevalt valmistatud pirukakoorik
- 4 tassi värskeid spinati lehti
- 1 spl oliiviõli
- 2 küüslauguküünt, hakitud
- 1/2 tassi murendatud fetajuustu
- 1/4 tassi riivitud parmesani juustu
- Sool ja pipar maitse järgi

JUHISED:
a) Kuumuta ahi temperatuurini 375 °F (190 °C).
b) Kuumuta pannil oliiviõli keskmisel kuumusel. Lisage hakitud küüslauk ja küpseta, kuni see lõhnab, umbes 1 minut.
c) Lisa pannile värsked spinatilehed ja küpseta kuni närbumiseni, umbes 2-3 minutit. Maitsesta soola ja pipraga.
d) pirukakoor küpsetuspaberiga kaetud ahjuplaadil lahti .
e) pirukakooriku keskele , jättes servade ümber äärise.
f) Puista spinatile murendatud fetajuust ja riivitud parmesani juust.
g) Murra pirukapõhja servad täidise peale, voldi vastavalt vajadusele .
h) Küpseta eelkuumutatud ahjus 25-30 minutit või kuni koorik on kuldpruun ning juust sulanud ja mulliline.
i) Lase enne serveerimist veidi jahtuda.

99.Röstitud köögiviljagalett

KOOSTISOSAD:

- 1 eelnevalt valmistatud pirukakoorik
- 2 tassi segatud röstitud köögivilju (nt paprika, suvikõrvits, baklažaan ja kirsstomatid)
- 2 spl oliiviõli
- 1 spl palsamiäädikat
- 2 küüslauguküünt, hakitud
- Sool ja pipar maitse järgi
- 1/4 tassi murendatud kitsejuustu
- 2 spl hakitud värsket basiilikut

JUHISED:

a) Kuumuta ahi temperatuurini 375 °F (190 °C).

b) Viska kausis segatud röstitud köögiviljad oliiviõli, palsamiäädika, hakitud küüslaugu, soola ja pipraga.

c) pirukakoor küpsetuspaberiga kaetud ahjuplaadil lahti .

d) pirukapõhja keskele , jättes servade ümber äärise.

e) Puista röstitud köögiviljadele murendatud kitsejuust.

f) Puista juustu peale hakitud värsket basiilikut.

g) Murra pirukapõhja servad täidise peale, voldi vastavalt vajadusele .

h) Küpseta eelkuumutatud ahjus 25-30 minutit või kuni koor on kuldpruun.

i) Lase enne serveerimist veidi jahtuda.

100.Suvikõrvits ja tomati galette

KOOSTISOSAD:

- 5 untsi universaalset jahu
- 1 suvikõrvits
- 1 keskmine punane sibul
- ¾ oz parmesani
- 1 sidrun
- 2 ploomtomatit
- 1 unts toorjuustu
- 4 untsi basiiliku pesto
- 3 untsi rukolat
- suhkur
- koššersool ja jahvatatud pipar
- 6 supilusikatäit võid
- oliiviõli
- 1 suur muna

JUHISED:

a) Sega keskmises kausis jahu, 1 tl suhkrut ja ½ tl soola. Lõika 6 spl külma võid ½-tollisteks tükkideks; lisa jahule ja viska katteks. Vajutage sõrmedega võid, et see tasandada ja segada jahu, kuni see on väikeste herneste suurune.

b) Piserda ¼ tassi külma vett jahu-või segule. Sega spaatliga, kuni see on lihtsalt segunenud, seejärel sõtku kätega, kuni tainast moodustub pulstunud pall. Patsutage 4-tollise laiuse kettale (umbes ¾-tollise paksusega). Pakkige kilesse ja hoidke külmkapis vähemalt 2 tundi (soovitavalt üleöö). Eelsoojenda broiler ülemises kolmandikus oleva restiga. Määri küpsetusplaat õliga.

c) Viiluta suvikõrvits ja sibul (jätke sibularõngad tervena) ¼ tolli paksusteks ringideks. Riivi peeneks parmesan ja ½ tl sidrunikoort. Pigista 2 tl sidrunimahla keskmisesse kaussi. Viiluta tomatid õhukesteks viiludeks; tõsta paberrätikuga vooderdatud taldrikule ning maitsesta soola ja pipraga. Tõsta vähemalt 15 minutiks kõrvale. Enne galette kokkupanemist kuivatage tomatid .

d) Asetage suvikõrvits ja sibul ühe kihina ettevalmistatud küpsetusplaadile; nirista peale õli ning maitsesta soola ja pipraga.

e) Prae ülemisel siinil pruuniks ja pehmeks, 10–13 minutit (jälgige tähelepanelikult). Segage väikeses kausis toorjuust, sidrunikoor ja 2 spl pestot. Maitsesta maitse järgi soola ja pipraga. Kuumuta ahi 400 ° F-ni, asetades selle keskele.

f) Rulli tainas 12-tolliseks ringiks; asetage küpsetuspaberiga kaetud ahjuplaadile. Klopi kausis lahti 1 suur muna ja 1 spl vett; pane munapesu kõrvale. Määri pesto-toorjuust ühtlaselt koorikule, jättes 1-tollise äärise; peal kattuvate kihtidena köögiviljad. Voldi taigna serv täidise peale, kortsu vastavalt vajadusele. Pintselda koorik munapesuga ja puista peale veidi parmesani.

g) Küpsetage galette keskmisel ahjurestil, kuni koorik on kuldne, 30–40 minutit. Lase 10 minutit puhata. Sidrunimahlaga kaussi lisamiseks vispelda sisse 2 spl õli ning näputäis soola ja pipart. Lisa rukola ja sega läbi.

h) Nirista ülejäänud pesto galetile ; lõika viiludeks ja serveeri koos salatiga, millele on puistatud ülejäänud parmesan.

i) Nautige!

KOKKUVÕTE

Loodame, et kui sulgeme "Kuulsate galettide kokaraamatu" lehekülgi , olete saanud inspiratsiooni uurida selle armastatud maalähedase kondiitritoodete lõputuid võimalusi. Magusatest soolaseni, lihtsatest kuni keerukateni – galetid pakuvad avastamist ootavat kulinaarse loovuse maailma . Kulinaarset teekonda jätkates pidage meeles, et toiduvalmistamine on armastuse, loovuse ja rõõmu väljendus. Ükskõik, kas küpsetate endale, oma lähedastele või mõnel erilisel sündmusel, toogu iga teie loodud galett teie kööki soojust ja rõõmu lauale.

galette loomingu viimaseid killukesi , pidage meeles, et köögis tehtud mälestused jäävad kauaks pärast taldrikute puhastamist meelde . Jagage oma armastust küpsetamise vastu, kogunege laua taha nendega, keda armastate, ja looge hetki, mis toidavad nii keha kui hinge. Ja kui olete valmis asuma järgmisele küpsetamise seiklusele, siis teadke, et siin on "Kuulsusrikas galette kokaraamat", mis on valmis teid juhendama oma maitsvate retseptide ja ajatu võluga.

galettide maailma . Olgu teie köök täis naeru, teie ahi soojust ja teie laud omatehtud headuse rõõme . Kohtumiseni, head küpsetamist ja head isu!

9 781836 238195